状元之乡今胜昔

刘 放 著

河南大学出版社
·郑州·

图书在版编目（CIP）数据

状元之乡今胜昔 / 刘放著． -- 郑州 ：河南大学出版社，2023.4

（院士的足迹 / 刘放主编．第一辑）

ISBN 978-7-5649-5419-2

Ⅰ．①状… Ⅱ．①刘… Ⅲ．①院士－列传－苏州 Ⅳ．①K826.1

中国国家版本馆CIP数据核字（2023）第054563号

策划编辑	邵培松
责任编辑	韩　璐
责任校对	刘利晓
装帧设计	高枫叶

出版发行　河南大学出版社
　　　　　地址：郑州市郑东新区商务外环中华大厦2401号
　　　　　邮编：450046
　　　　　电话：0371-86163953（数字出版部）
　　　　　　　　0371-86059701（营销部）
　　　　　网址：hupress.henu.edu.cn

印　刷	河南美图印刷有限公司			
版　次	2023年4月第1版	印　次	2023年4月第1次印刷	
开　本	889 mm×1194 mm　1/32	印　张	5.25	
字　数	100 千字	定　价	36.00 元	

（本书如有印装质量问题，请与河南大学出版社联系调换。）

序　言

一年多前，河南大学出版社的邵培松先生告诉我，他们准备出版一套100册的"院士的足迹"丛书，主要讲述院士们的成长历程，以及他们学习、工作与生活的故事。当时就觉得，这是一个很有意义、含金量也很高的出版选题。

出版社题旨明晰具体，面向的读者群为中小学生。培养我们年轻的一代从小具有理想追求，具有见贤思齐、锐意进取意识，具有肩负起中华民族伟大复兴的情怀和担当，这需要策划者本身就具备立足当下、拥抱未来的情怀与担当。

习近平总书记指出："中国要强盛、要复兴，就一定要大力发展科学技术，努力成为世界主要科学中心和创新高地。""院士的足迹"丛书，就是中原大地上的出版人铭记总书记嘱托，并从责任和道义上自觉萌生的同频共振良好举措。这样的图书，一定有广博的资源、广阔的前景和广泛的知音。

院士是中国科学技术的高端人才,国家瑰宝。不论是中国科学院院士,还是中国工程院院士,他们都是在各自的科技领域,取得系统性、创造性重要成就的专家,为国家和人民做出了突出贡献,并都在各自的科研领域起着引领和带头的作用。在他们中间,既有华罗庚、苏步青、李四光、竺可桢、茅以升等老一代科学家的身影,又有钱学森、王淦昌、程开甲、袁隆平、钟南山等当代科学家形象。他们值得全社会敬重。学习他们,亲近他们,视他们为明星,是我们全民族,尤其是孩子们,都应具备的一种审美标准和价值取向的认同。

科学素质已经成为当代人基本素养的一个重要标志。一个民族没有全民科学素质的普遍提高,这个民族就很难建立起壮阔的高素质创新大军,难以实现科技成果快速转化。要让科技创新扎根在公众科学素质和能力不断增强的沃土中,在全社会推动形成讲科学、爱科学、学科学、用科学的良好氛围,使蕴藏在亿万人民中间的创新智慧充分释放、创新力量充分涌流,就需要拥有情怀和担当的有识之士,扎扎实实地做好具体的推动工作,包括如河南大学出版社出版的这种"院士的足迹"大型丛书。

序言

　　增强公众科学素质是一项打基础的工程，要注重科学知识的普及，要注重科学思想的传播，更要人们从审美观和价值观上，亲近爱党爱国的广大院士。他们正是以这种爱为动力，以振兴中华为己任，一步一个脚印地迈向科技高地。如果我们从娃娃抓起，在中小学学生中大力加强科学教育，加强科学人的人格人品魅力熏陶，从他们纯洁的心灵上引导自觉热爱科学、崇尚科学，并成为实现科技创新的接力和传承力量，何愁我们全民族的公众科学素质得不到充分提升？

　　"院士"这个题材，在出版界早已不乏开掘者；但这套大型丛书不同凡响处，就在"足迹"二字上，可谓独辟蹊径，别开生面，柳暗花明。相对于那些偏重院士成就光芒的文献型出版物，这套深入浅出、注重可读性的院士丛书重今而更重昔，用的是"倒叙"的思路和创意，溯流而上，追寻院士们一路走过的足迹，特别是他们童年、少年时代的足迹。这些深深浅浅带有童稚气的脚印，或在田埂，或在海滩，或在江边，或在山岭，或在北国，或在南疆，或深陷于穷乡僻壤的泥泞田野，或描画在富庶宅院的地板地毯……忽然想到一部《超人》的电影，超人一发力，让地球倒转，江河与时间倒流，垂垂老矣的院士们岂不是一个个都年轻起来了？青春迸发了？稚气未脱了？这多么有趣而好玩。读者与院士们瞬间消除代沟，院士们"穿越"成了孩子们拉钩搂肩的朋友、哥们儿，有着共同的话题和语言。我想，不单年轻的读者们喜欢，连返老还童的院士自身，也一定会开心不已。这套丛书，创意不凡，清新脱俗。

　　以地域籍贯来归类院士的标准，比较合理得当，容易使各册院士人物都拥有一种相近的乡土文化归属感。"一方水土养一方人"，读院士们的故事，也了解到了一方的风土人情，使得丛书的总体规划设计上具有条理性、科学性，人物也更接地气，便于整体上的思辨、考量和把握。

　　从体量上把握，给孩子们提供阅读就一定要轻松活泼，图文并茂，规避沉重和生硬说教。每册七八万字，选进七八位院士，每位院士介绍文字万字左右，选取人物最生动有趣的片段，读来好玩有味，自然而然地走进院士的生活和心灵世界，打开自己眼界，让爱科学的种子悄然播种在自己的心田。读者将来不一定都要做科学家，但爱学习、爱思考的习性，会让小读者们眉宇添聪慧，目光愈加清亮有神，从而一生获益。

　　另外，还有不能不提的，是本丛书的主编刘放先生，他是我二十多年的朋友，我在《姑苏晚报》开设的《滴石斋》专栏，他做了十多年的责任编辑，我对他可以说比较了解。他早年做过中学教师，后从事新闻媒体工作三十多年，是资深媒体人，与不少两院院士有过面对面的接触访谈。在他的眼中，院士的光环不会炫目遮蔽其目光，而是真实可触摸、可敬可亲可爱的人。而且，刘放涉猎宽泛，修养全面，他所编著的十数种出版物中，有小说，有散文，有诗歌，有访谈对话，有旅游文化，还有少儿读物，所以他比较适合当这类面向中小学生的大型丛书主编。我还听说，他为了这套丛书都打算提前退休，我想，他一定是认清了这套书的价值，积蓄了丰沛的激情，全力以赴。我有理由看好他。

江苏沙洲优黄的黄庭明先生慷慨赞助本项目，彰显民营企业的担当，让人感动，代表出版社、作者以及读者表示感谢。

出版社邀请我为这套100册的图书写一个总序，我乐意为之。在书前为读者号号本丛书的脉，掂掂本丛书的量，说出如是感想。

新教育实验有一个生命叙事理论，认为每个人都是自己生命故事的主人公，也是自己生命故事的作者。能不能把自己的生命故事变成一个伟大的传奇，在很大程度上取决于我们有没有为自己寻找一个生命的原型、人生的榜样。这套书中的院士，是应该可以成为青少年学生的生命原型的。所以,我也会在自己的新教育研究和推广中,适时运用和宣传这套丛书,权作为中原出版人摇旗呐喊。让我们一起为了美好的明天,不负时代,共同奋斗。

朱永新

2020年1月20日

（作者系新教育发起人、著名教育理论家,全国政协副主席,民进中央常务副主席,苏州大学博士生导师。）

目　录

001 // 顾翼东：高风亮节的东方科学家

021 // 李竞雄：杂交玉米之父

041 // 何泽慧："中国的居里夫人"

064 // 贝聿铭：给大地带来立体诗篇的爱美者

090 // 吴仲华：以航空梦托起中华腾飞

112 // 李敏华：击败所有须眉同窗的东方女性

131 // 潘承洞：从留级生到大数学家

155 // 参考书目

156 // 后记

顾翼东：
高风亮节的东方科学家

> 顾翼东（1903—1996），江苏苏州人。1923年毕业于东吴大学（现苏州大学）化学系。1925年获美国芝加哥大学硕士学位，1935年获该校博士学位。曾任复旦大学教授。主要从事我国丰产元素钨、钼、铌、钽及稀有元素化学的研究，开展有关液-固体系平衡相图及溶剂萃取工作。率先提出了内在还原法制备蓝色氧化钨，以及倒滴加法制备活性粉状白钨酸及铌酸，又从后者制得一系列已知和未见诸文献的含钨化合物。在稀土分离和化合物性质研究方面，进行了稀土亚砜加合物的制备，将酰代吡唑酮、多碳亚砜、二苯羟乙酸作为萃取剂。从离子交换淋出液中回收EDTA、铜及轻稀土等研究均取得一定成果。为我国稀土化学的奠基者，1980年当选为中国科学院学部委员（院士）。

一、从苏州宝带桥讲起

北京的桥啊千姿百态/北京的桥啊瑰丽多彩/金鳌玉栋望北海/十七孔桥连玉带/高亮桥龙王那个把呀把

水卖/金水桥皇上挂呀金牌/卢沟桥的狮子呀最奇怪/你就数哇数哇数哇/怎么就数不过来//北京的桥啊春风常在/北京的桥啊又添风采/过街天桥龙出海/地下通道穿长街/三元桥蝴蝶那个飞呀飞天外/安贞桥明珠绕呀花台/立交桥是修得特别呀快/你就数哇数哇数哇/怎么就数不过来……

这是一首很好听的歌,歌名儿叫《北京的桥》。桥有桥的形状,桥有桥的历史,一座座桥串联起一座城的交通,构成了一座城的建筑特色、自然风貌,延伸文脉。

不信请看看各地的桥,和而不同,各有千秋,联通古今。

苏州宝带桥(施晓平 摄)

要认识苏州的院士,不妨了解一下苏州的古桥。苏州是江南水乡,城是水城,当然有着各种各样的古桥,每座桥又有着独特的故事。有人说,苏州的桥太多了,多得好像是提前做好了诸多的桥,然后沿着河寻找,哪里需要就在哪里放一座。这话当然是玩笑话,一座桥不可能如同积木搭成,它需要大量的设计和能工巧匠建造。唐代诗人白居易诗赞苏州:"绿浪东西南北水,红栏三百九十桥。"足见苏州桥之多之美。

我们这里要介绍给读者朋友的,也是一座苏州的唐代桥梁。桥名叫宝带桥,是古代桥梁建筑的杰作。该桥傍京杭运河西侧,跨澹台湖口,被誉为"苏州第一桥",是中国十大名桥之一。全桥用金山石筑就,桥长316.8米,桥孔53个,是我国现存的古代桥梁中最长的一座多孔石桥。相传,在特殊的情况下,中秋节晚上,53个桥孔中每孔都能看见一轮天上月亮的倒影,加上天上那轮明月,一时形成水天54轮月亮同辉的壮观场面。

桥名宝带,伴随着一段富于情义的桥史。桥始建于唐元和十一年(816年),为满足唐代大运河漕运业的需要,便利南方物资北上进京,由人力在此长桥上拉纤助行船。史书上明确记载,该桥为当时苏州刺史王仲舒领建,他带头捐出了自己的随身玉带,用来助资建桥,这让吴门富商深受感动,竞相慷慨解囊。这座长长如带的桥,一开始就与一位当地最高官员的义举有关,取名

"宝带桥",可谓形神兼备,精准到位。

翻查资料得知,唐代的这座桥居然维持了400多年。至南宋、元代、明代和清代,又数次重建,但形制与规模基本沿袭至今。清道光年间,林则徐主持过修理,费用为"工料银六千六百七十两有奇"。清同治二年(1863年)英军洋枪队头目戈登驾舰攻打苏州,镇压太平天国军队,拆去桥中间大孔,致使北端26孔连续倒塌。抗日战争时期,南端6孔又被日军飞机炸毁。如今所见,都是新中国成立后修复的。这里,能谛听历史的回声,看见共和国崛起的身影。2001年,古桥被国务院批准列入第五批全国重点文物保护单位。2014年6月,第38届联合国教科文组织世界遗产委员会将其作为中国大运河重要遗产点列入《世界遗产名录》。

笔者对捐献宝带的王仲舒敬仰不已,隐隐感觉这座千年历史沧桑的古桥上,有一个亲民爱民的官员体温。

笔者曾多次到过这座古桥,尤其是八月十五中秋夜,还时常邀请一帮朋友漫步在这座沐浴过古代明月的名桥,赏月怀古。我们身披桥上的月光,就着啤酒咬月饼,少不了还要做弓腰拉纤状吼唱。其时,桥上还有不少别的赏月者,甚至有的还是举家前来,对我们的行为报以微笑。我也听见有家长对自家孩子讲这座桥的历史,尤其是讲到那条随身的腰带时,孩子会细问,这宝带是什么做的?是丝质的还是牛皮的?上面一定镶嵌有玉石珠宝吧？如果拿到今天的鉴宝会拍卖，那一定是价值连城吧？这样一来，就轮到我们笑他们了。心中嘀咕：真是好玩的小财迷！

古人不见今时月，今月曾经照古人。讲苏州院士的故事，先从苏州一座古桥讲起，他们彼此之间有何相通之处呢？先来看看苏州院士顾翼东先生的故事。

二、努力拼搏、不甘落伍的"化学世家"

1903年3月4日，顾翼东出生于古城苏州的一个大家族。他的高祖父顾沅是著名的金石及图籍收藏家。他父亲在苏州中西学堂肄业，学代数学。母亲则擅长诗词。他的外祖父王同愈，是前清翰林、著名书画家，爱好几何学和天文学，眼界开阔，有维新强国思想，曾参加过甲午海战。这样的家族，自然称得上是名门大户、书香世家。出生成长在这样的家庭，对顾翼东自然有很深刻的影响。

顾翼东于1914年入苏州东吴大学附属中学。4年后的1918年，他15岁，考入东吴大学化学系。1923年毕业，获理学士学位，被选为斐陶斐励学会会员。1924年赴美国留学，入芝加哥大学化学系。1925年获得硕士学位。在留学期间，有机化学教师常常介绍一些化学家的创新逸事，鼓励学生的创新精神。物理、化学教师的计算技

状元之乡今胜昔

1923年,在东吴大学就读时的顾翼东

巧和讲课方法也特别新颖,对顾翼东后来任教时采用启发式教学激发学生的学习兴趣,影响极大。

1926年,顾翼东回国,任苏州东吴大学化学系教授。1931年,他被提升为化学系主任。两年后的1933年冬,顾翼东再次到美国芝加哥大学攻读博士学位。1935年夏,他获得博士学位,被推选为美国西格玛赛学会会员,同时,还成了美国科学促进会会员。

这里必须对东吴大学做一点介绍。东吴大学就是现在苏州大学的前身,校址当然是在苏州。顾翼东自小到大,都是在苏州生活、工作。顾家是苏州很有名的家族,出过很多杰出人才。

顾翼东热爱祖国。留学美国获取博士学位后,他婉拒芝加哥大学的留校邀请,毅然回国报效祖国。新中国成立前,他坚决拒绝各种诱惑和威逼,选择留在上海为新中国建设出力。眼界开阔的他认识到,国家要自强自立,一定要发扬自力更生的精神,大力发展科学,为此,他全身心投入教学和科研工作中。终其一生,强烈的爱国心是他的精神动力,祖国富强是他最大的心愿,他把祖国的荣誉看得比自己的利益更重要。

顾翼东认为,出国留学是为了提高教学和科研能力,最终目的在于听从祖国召唤,为祖国富强服务。因此学成后他立即回国。他看到,美国在第一次世界大战中得到的教训,就是工业产品不能自给,所以战后美国积极从事颜料、医药等方面的研究,力求自己掌握全部技术,以臻富强。顾翼东回国后,继续受聘于东吴大学。同时,他还先后应聘交通大学化学系教授、震旦女子文理学院化学系主任、上海医学院化学教授、上海大同大学教授、华东四个大学联合实验室主任、上海光明化学制药厂顾问及资源委员会国外贸易事务所化验分析室主任。当时各大学最缺物理化学教师,所以顾翼东的主要教学方向从有机化学转到了物理化学。顾翼东注重教书育人,启发学生独立思考,注重能力培养。他认真备课,根据各大学不同特点,备课内容有所不同。例如,在交通大学根据该校重在应用的特点,把理论和应用结合起来;在东吴大学偏重叙述及应用;在大同大学偏重当场计算;在上海医学院授课时,则经常运用医药化学方面的实例，介绍生产改进要点，使学生理解理论联系实际的重要性，因而很受欢迎。

1956年，顾翼东与李方训、梁树权代表我国出席在葡萄牙里斯本召开的第十五届国际纯粹与应用化学联合会学术会议（IUPAC），会上，美国企图制造"两个中国"，有意混淆台湾是中国领土不可分割的一部分概念，误导媒体。顾翼东非常气愤，他与同伴一起，本着科学无国界但科学家有祖国的理念，义愤填膺又义正词严，驳斥不实之词，粉碎了敌对阴谋，让到会的各国科学家对中国科学家肃然起敬。

他在光明化学制药厂进行药物合成研究，改进了磺胺类药物的生产工艺。最突出的成果，是将磺胺噻唑的制备原料由氯化改为氯化缩合物，减少了反应时的危险性。此外，他还合成了若干新的化合物，发表了两篇有生产针对性的论文，这是顾翼东教学与科研相结合的开始。

1942—1952年，他任东吴大学理学院院长。1952年以后，他一直担任复旦大学教授。在几十年的化学教学和科学研究工作中，顾翼东要求青年教师教学、科研两副担子一起挑。他认为提高教学质量，离不开科研工作的开展，书本知识一定要与实践相结合，脱离实际的讲课一定是失败的讲课。在科研工作上，他要求学生一定要立足于创新，不可亦步亦趋。他经常教育学生：科研领域广阔，务求立意创新，当然研究课题相同时，可以互相交流，但要彼此尊重。

我非常欣赏他所奉行的处世哲学："与人无忤，与世相争。"那就是，对他人要宽厚，对真理却要争个明白，不迷信盲从。在许多人的信条中，都标明自己是"与世无争"，以显淡泊明志。他的"与人无忤，与世相争"，实际上可以理解成，自己与旁人没有什么过不去的，吃点亏受点委屈都无所谓；但是，国家利益至上，为了祖国的强盛和民族复兴，就应该努力拼搏，不甘落伍。他不仅将这八字作为自己的座右铭，而且谆谆教导子女们遵循。在他的影响下，顾家一门三代，有15人致力于化学事业，堪称"化学世家"。

神奇的化学反应，也会出现在人与人之间，出现在

东吴大学大门背面（嵇元　钢笔画）

一个家族人才兴旺发达上。

三、国内稀土化学界"神一般的存在"

我曾在一位在大学工作的朋友的博客中发现，他问起自己读中学的儿子是否知道苏州化学家顾翼东，儿子听完满脸疑惑。他"大为吃惊"，问：一个苏州的中学生，怎么能不认识国内稀土化学界"神一般的存在"——顾翼东呢？

我也是从他的博客中，加深了对顾先生的认识。

顾翼东是我国稀土化学的奠基者，在多酸化学及钨钼化学的研究领域中成绩尤为突出。这里要提及一点家学渊源。顾翼东外祖父王同愈在担任江西提学使时，曾随身带回几块钨砂标本，告诉顾翼东，这是比黄金还贵重的钨金。这给他的心灵带来巨大的震动。另一位对顾翼东的科研方向产生影响的人，是他读东吴大学时的老师成功一先生。成功一曾给他三块珍藏的钨矿标本，嘱咐他，钨是国防矿藏元素、战略物资，用途很大，并建议他日后从事钨化学研究。至此，他才明白外祖父王同愈为什么说几块钨砂标本是"乌金"，是比黄金更加贵重的宝贝。

20世纪40年代，他发现我国钨矿中含有铌和钽，遂向政府提出，出口钨矿石应该根据铌和钽的含量来制定

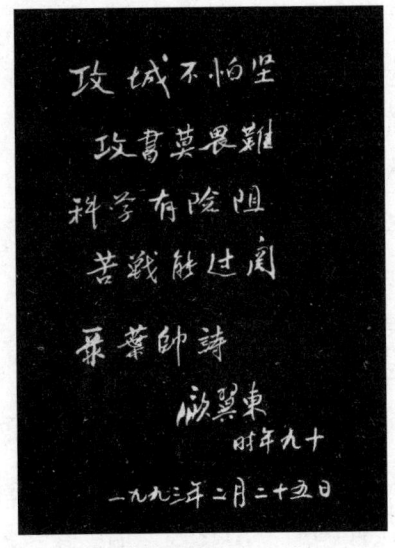

顾翼东书法

价格标准，为保护国家资源做出了贡献。这是顾翼东的工作方向转入无机化学尤其是稀有元素研究的开始。他最早发表的两篇有关钨化学的论文《锰铁矿中铌、钽含量分析》和《黄钨酸——均相沉淀法》，就是在这个时期完成的。后来，他的研究领域扩展到萃取化学和稀土化学。20世纪50年代，他创造了沉淀法制备黄钨酸的方法，用这个方法生产的黄钨酸，在产品性状方面与传统工业生产的产品有明显差别，从而开辟了制备黄钨酸的广阔道路。此后，他继续深入研究钨化学的基础反应，又得到了活性粉状白钨酸，这是国际上很久未能研制成功的化合物。他还发表了论文《金属离子的液相萃取分离法》，介绍了用于溶剂萃取的有机试剂，编写了《有机试剂在金属元素比色分析及沉淀分离中应用的发展》一书，使得溶剂萃取化学研究成果在推进萃取化学研究上发挥了很大的作用。

20世纪80年代，顾翼东又创造性地以"倒滴加法"在常温及低酸度下制得活性粉状白钨酸，"内在还原法"生产蓝色氧化钨，湿法生产偏钨酸铵，质量优列国际前茅。他还十分重视生产急需的应用研究，提出了"内在还原法"生产蓝色氧化钨，可以得到均匀、单一、粒度可控的产品，可用作高质量硬质合金及超细钨丝的材料；从仲钨酸铵APT转为偏钨酸铵AMT的新工艺，所得产品质量优于世界同类产品。

稀土元素化学一度也是顾翼东的主要研究方向。1955年，他指导研究生首先用纸上色层法进行了稀土和铀分离分析研究，并解决了当时独居石中铀的定量分析问题，保障了独居石的安全生产。另外，顾翼东还在常温、常压下和近中性溶液中制得含四价镨的铈镨杂多核氧化物，从而测得了四价镨在醋酸溶液中的吸收光谱，这在当时是国际上最先进的方法。

稀土是一种金属元素，它在各种自然资源中异常珍贵。不仅因为它属于不可再生资源，储量稀少，后期加工难度高，更因为它广泛应用于军事、冶金、农业、工业等领域，它是制造新材料的重要原材料，因此，也被

1954年，顾翼东（右）指导研究生实验

称为"万能之土"。

也就是说，现代很多高科技，尤其是军事科技产品都离不开稀土，而且几乎没有替代品。因而稀土在当今世界上，也具有非常重要的战略价值，如果没有稀土，那么很多高科技产品就无法制造出来，高精尖的航天设备可能也无法运转。目前全世界拥有稀土资源最多的国家就是中国，产量位居全球第一。世界上某些国家自己原本也有丰富的稀土资源，但是他们却封存自己的矿脉，转而购买中国的廉价稀土。因为稀土是不可再生资源，开采一点就会少一点，所以某些国家干脆不吃"碗里"的，专门算计"锅里"的。顾翼东先生应该是最早看出这种险恶用心的人之一，他与一批有识之士联名上书，要求国家限制稀土资源出口。国家尊重自己专家的建议，在保护自己的稀土资源上做出了让国人放心的对策。

说是"神一般的存在"，可能带有感情因素的夸张，但在稀土研究、稀土保护上，顾翼东先生功不可没。这位爱国的科学家，脉搏始终与自己的祖国一同跳动。他不是神，但他比神更可爱，更可敬！

四、不顾性命护国宝，失而复得捐国家

顾翼东对家乡苏州一片深情。虽然新中国成立后他不再在苏州工作，但仍关心家乡的建设，尤其在保存、整理地方文献方面，他做出了很大贡献。

1956年，顾翼东代表顾氏族人将苏州松鹤板场（现干将东路）赐研堂、甫桥西街（现凤凰街）辟疆小筑、大郎桥巷（现建新巷）宝砚堂这三座老宅的数百间房屋，悉数捐献给了国家。

顾翼东的高祖顾沅不仅是清代姑苏藏书家，还是文学家、出版家、金石藏家，其"收藏旧籍及金石文字甲于三吴"，一生纂辑、刊印了大量古书籍。由于战乱，顾沅的藏书渐渐散失，部分留在顾翼东手中，有些却散失无存。

抗日战争时期，为了不使手中珍贵典籍被日本侵略者掠夺去，顾翼东费尽心思，想方设法带着这些"宝贝"逃难到乡下，待硝烟散去，局势稍定，人们能够勉强生活了，他又携书回城。每每听到有此类散失书籍的下落消息，他都会迅速赶到，不惜代价重新购回，加以收藏。在繁忙的教研工作和生活动荡中，他仍然挤出一定时间，对祖上遗留的一些稿本进行整理。为了更好地保存好这些珍贵的文化遗产，1958年，他把高祖父顾沅所辑的《吴郡文编》80册计246卷捐赠给苏州博物馆，以后又陆续把许多家藏文物捐赠给故乡。

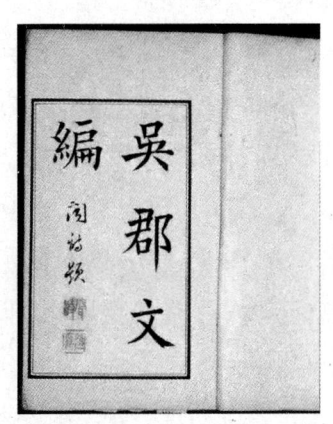

捐献给苏州博物馆的《吴郡文编》

这里必须将他的高祖父顾沅略记几笔。这不但便于读者对这位先贤加以了解，同时，更能加深对顾翼东先生的认识。

顾沅家住苏州甫桥西街（今凤凰街），清道光年间人，曾官至教谕。禀性好学，读书过目成诵，记忆力惊人。虽出生世代簪缨之家，但他本人官瘾很小，钟爱的还是国学，"不求仕进，不以科举之学为好学"，所以，他干脆弃官归隐故里。父兄都在外地为官，他呢，神清气闲地守在苏州，研究著述，伺候母亲。

顾沅是个孝子，更是大学者，善诗，有《听漏吟》《游山小草》《然松书屋诗钞》等若干卷。他最热衷的，还是地方史志的整理和研究，手辑并刻印有《吴郡名贤图传赞》《赐研堂丛书》《娄东文略》等。他非常敬仰历来的忠臣义士，曾花费了相当大的工夫，收集上自周秦、下迄元明的忠义之士的诗篇，编辑刻印成《乾坤正气诗集》。另辑有《吴郡文编》，收录了散见于历代志乘、碑刻及书册中的吴地重要文献，卷帙浩繁，内容丰富集大成，是一部价值极高的苏州史料汇编。

顾沅性情淡泊，却热心于故里慈善事业。凡是在苏州的名人祠墓已沦没于荒烟蔓草者，他必斥资"搜剔整顿"。他以苏州宋代先贤范仲淹为榜样，捐田千亩，建立"义庄"，收容资助贫困者。闲下来，刻印不少劝人为善的图书，广泛赠送。为此，他受到来苏为官的名臣如陶澍、林则徐等人的器重，并与之交谊深厚。他家的艺海楼就在现在苏州凤凰街口，现有顾沅"辟疆小筑遗址"铭牌，铭文曰："清道光二十年（1840年），顾沅建有：思无雅斋、苏文忠公祠、金粟草堂、春晖亭诸胜，尤以艺海楼，藏书十万卷。惜庚申兵火后荒芜，苏文忠公祠划入定慧寺。1956年后仅存古银杏两棵。"这里的"苏文忠公"就是苏东坡。古银杏至今仍在。我到过多次，尤其是秋来银杏叶金黄之际，必前往瞻仰，仰视黄灿灿的树冠，就像看到了这位让我无比敬重的前辈高人。

我知道苏东坡与定慧寺的方丈要好，东坡也多次到过定慧寺，至今定慧寺旁边还有一条苏公弄，就是纪念苏东坡的。定慧寺的小和尚卓契顺奔波千里，步行到惠州给东坡送家书，我在一篇文章中说，他是代表苏州一座城的人去看望东坡的。我到苏公弄也很有感觉，似乎能进入东坡诗文的意境中。但我没有想到，180多年前的一位苏州硕儒，居然私人专门建有苏文忠公祠，而且还"划入定慧寺"，那么也就是说，定慧寺现在的规模，是因为顾沅的缘故而得以扩张。我原先并不知道这段历史。下次再去缅怀东坡，我一定能感觉到旁边另有一位长者，是一位比我还铁的"铁杆苏粉"。

顾沅对园林艺术也颇有研究。道光二十年（1840年），他在"甫桥西街"（今凤凰街）建成了著名的"辟疆小筑"，为苏州园林添上了光彩的一页。辟疆小筑占地并不大，但具"城市山林之致"。辟疆小筑内的建筑，多名人题词。"辟疆小筑"四字，为相国阮元题书，太史严保庸撰《辟疆小筑记》。"艺海楼"为陶澍题。"吉金乐石之斋"，姚元之题并书。"传砚堂"由林则徐书并跋。由于该园风景秀丽，且常为名流文宴之所，传为盛事。据顾翼东回忆，20世纪30年代，顾氏故宅中尚存传砚堂、艺海楼、白云深处、据梧楼、不满

苏公弄

定慧寺

亭、金粟草堂、如兰馆等，1956年后渐失旧观，一度为合成晶体材料厂占用，现为市职业技术培训中心。

《吴县志》称顾沅所藏"图书之富，甲于东南"。杨钟羲则称："顾湘舟艺海楼藏书不及四库六百余种，而四库未收者二千余种，亦吴下嗜古之巨擘也。"湘舟为顾沅的号。顾沅的藏书虽然不及四库，但亦有四库所不具者，足见了得。可惜的是，同中国历史上众多藏书家藏书聚散无常的命运一样，顾沅的藏书在他身后亦不能幸免。咸丰十年（1860年）太平军攻破苏州，顾氏艺海楼藏书包括这部还未雕版镂刻的《吴郡文编》在内，不知所终，家人为之念念不忘。《吴郡文编》总约400万字，计246卷，分装80册，因篇幅浩重而未能出版。然而在民国七年（1918年），有人在上海见到此书，喜告顾沅之曾孙顾浩成，遂以五百金购归，藏于顾家世居辟疆园艺海小筑。顾浩成就是顾翼东的父亲。

1932年"一·二八"淞沪抗战打响，苏州危急。《吴郡文编》被顾翼东视作国宝，绝不能让日本人掠去。于是，顾翼东花钱定制了八个铁匣，把书放置在匣中，护送到无锡荡口镇。1938年，顾翼东冒着生命危险又亲赴荡口镇，由水道将《吴郡文编》押运到上海，藏于表弟顾廷龙为馆长的合众图书馆。后又三易其地，最后藏于复旦大学图书馆。1958年，当时在苏州博物馆工作的范烟桥先生，正四处打听《吴郡文编》的下落，顾翼东得知后，于1960年慨然将书移送苏州博物馆保存。2009年，《吴郡文编》稿本入选《国家珍贵古籍名录》，编号06479。

从数百间房的祖宅，到凝聚数代人心血的珍贵典籍，顾翼东尽心尽力保护顾家的珍宝，最终捐献给国家，使之得其所哉。

这，是否与那个捐宝带用以修桥的唐代苏州刺史王仲舒有得一比？

宝带一桥，维系桥之两岸时空；捐宝壮举，书写疏财仗义人生。这带这桥这典籍，牵手你，牵手我，牵手昨天、今天和明天。

顾翼东先生在教学和科研第一线勤奋工作一生，培养出很多业务优秀、人品高洁的弟子。1996年1月21日，顾先生在上海逝世，享年九十又三。

他有一句名言：一个化学家必须为人类留下某些有用的东西。他是这样说的，也的确是这样做的，他一生的足迹是这句名言最好的注解。

顾公张开他的双翼，呵护着他东方的祖国、东方的家乡！

李竞雄：
杂交玉米之父

李竞雄（1913—1997），江苏苏州人，植物细胞遗传学家、玉米育种学家、农业教育家，中国科学院院士，中国农业科学院作物育种栽培研究所研究员。1941年9月后，历任甘肃省农业改进所技正兼农艺组主任、华西大学农业研究所副教授、四川大学农学院副教授等职。1944年，赴美国康奈尔大学留学，1948年先后获硕士和博士学位。长期致力于植物细胞遗传和玉米育种研究，是中国利用杂种优势理论选育玉米自交系间杂交种的开创者。1980年当选中国科学院学部委员（院士）。代表作品：《作物栽培学》《植物细胞遗传学》《玉米育种研究进展》等。

一、玉米的前世今生

这回，我们先从一个谜语说起。

谜面是这样的：一物生得真奇怪，腰里长出胡子来，拔掉胡子剥开看，露出牙齿一排排。打一植物。谜底就是：玉米。

这个谜面设计得不错，从腰里长胡子的怪异说起，吸引人。胡子嘛，明明都是生在老头儿的下巴上的，哪有长在腰间的呢？接着继续拿胡子说事，说是拔掉了胡子再剥开看，里面还有一排一排的牙齿，与牙齿如此相近的须须，不是胡子又是什么呢？

这是从一株长在地里的玉米说起的。玉米是一年生高大草本作物。秆直立，通常不分枝，高1～4米，基部各节具气生支柱根，紧紧抓住大地，向着天空昂首成长。玉米的叶片扁平宽大，绿光莹莹，既柔韧，又如刀剑般随风飘飘，上面支脉纵横，诱人遐想。玉米在幼苗时代，与高粱很相像；长大了呢，也有相似处。一般说来，玉米的叶片比高粱的叶片更宽些、长些，秸秆也更壮实些。高粱呢，则更高挑一些。它们的秸秆在最高大健壮的时候，都是可以剥皮来嚼食咽汁的，有甜滋滋的味道。它们之间最大的区别在于，高粱头顶部结实，红红的高粱是头顶；玉米则是腰间结实，一般都有两穗玉米棒子，像腰间插了两把带红绸的手枪，似"双枪老太婆"。当然，这个红绸在上面的谜语中，被说成了"胡子"，的确更形象。

我国北方遍野是玉米高粱作物，每到夏季，正是它们茂盛的时季。个儿高，叶片又长又大，一眼望去，如同一片碧绿的海洋。它们不像豆类和小麦，高度只及人的膝盖和腰部，隐蔽不了人，而玉米地高粱地里，却是足以掩藏千军万马的。抗日战争中,英勇的中国人民,依仗自己土地上生长的作物,埋伏起来,用简单落后的武器,与入侵的强寇展开殊死搏斗,保卫家园。抗战期间的文化人给这种大面积种植的作物,起了个诗意的名字,叫作"青纱帐"。

诗人郭小川写过《青纱帐——甘蔗林》的诗歌,影响过一代人。诗非常美,开头和结尾分别是这样写的:

> 看见了甘蔗林,我怎能不想起青纱帐!
> 北方的青纱帐啊,你至今还这样令人神往;
> 想起了青纱帐,我怎能不迷恋甘蔗林的风光!
> 南方的甘蔗林哪,你竟如此翻动战士的衷肠。
> ……
> 北方的青纱帐啊,你为什么至今还令人神往?
> 因为我们的甘蔗林呀,已经是新时代的青纱帐!
> 南方的甘蔗林哪,你为什么这样翻动战士的衷肠?
> 因为我们的青纱帐呀,埋伏着千百万雄兵勇将!

其实,要说玉米的历史,还有很多的知识性和趣味性。玉米不只是北方特有的庄稼,在南方也是栽种广泛的农作物。

在我们中国,除了玉米这个最广泛的名字,还有别名,如玉蜀黍、棒子、苞谷、苞米、包粟、玉茭、珍珠米、苞芦、大芦粟等。潮州话称薏米仁，粤语称为粟米，闽南语称作番麦，苏州所在的长三角一带称为珍珠米。苏州人除了称珍珠米以外，对整穗煮熟的鲜嫩玉米，还有"玉麦"（音）的别称。玉米是我们生活中重要的粮食作物和饲料作物，在全世界的种植面积和总产量，仅次于水稻和小麦。玉米一直都被誉为长寿食品，含有丰富的蛋白质、脂肪、维生素、微量元素、纤维素等，具有开发高营养、高生物学功能食品的巨大潜力。但由于其遗传性较为复杂，变异种类丰富，在常规的育种过程中存在着周期过长、变异系数过大、影响子代生长发育的缺点，对科学的栽培提出了要求。现代生物育种技术不但克服了上述缺点和不足，同时也提高了育种速度和质量。我们本篇所要讲述的科学家李竞雄，就在玉米领域做出了巨大贡献。

必须储备的知识是，玉米原产美洲。有人说我国元代尚食局中（元朝宫廷里一个管理皇帝膳食的专门机构）有"御麦面"，由此推断我国元代已有玉米。这种说法恐未必正确。所谓"御麦面"，不过是专制皇帝御用的上好麦面。古籍《饮食须知》中谈到玉蜀黍的部分，很可能是后人加入的，不可靠。玉米很早就是美洲本地人的主要粮食作物，美洲有很多关于玉米的故事，还在地下发掘出远古玉米的籽粒，以及用大量黄金、陶土和玉米穗做成的玉米神像。而在其他各国的历史上，直到15世纪，没有一个国家有关于玉米的记载或任何迹象。所以可以这样说，玉米是在1492年哥伦布发现"新大陆"美洲以后，才传到"旧大陆"上的各国。

根据各省通志和府县志的记载，玉米最早传到我国广西，时间是1531年，距离哥伦布发现美洲不到四十年。也就是说，我们的先辈比较看好这种作物。到明代末的1643年，它已经传播到河北、山东、河南、陕西、甘肃、江苏、安徽、广东、广西、云南等十省。浙江、福建两省虽明代方志中没有记载，但有其他文献证明，在明代已经栽培玉米。清初五十多年间，到康熙三十九年（1700年），方志中记载玉米的比明代多了辽宁、山西、江西、湖南、湖北、四川六省。1701年以后，记载玉米的方志更多，到1718年，又增加了台湾、贵州两省。单就有记载的来说，从1531到1718年的不到二百年的时间内，玉米在我国已经传遍二十省。

苏州人所称的"玉麦"与"御麦面"是否有一定关系，不去推测了，这不是太重要。重要的是有一个苏州人，对中国玉米种植的发展，起了很重要的作用，值得我们感恩并铭记，这个人，就是李竞雄。

二、琢玉人家出身的苦孩子

1913年10月20日，李竞雄出生于江苏省苏州市一个小手工业者家庭。父亲和叔父都以雕琢玉器饰品为生,家境十分清苦。

在当代人的印象中,做玉生意的都是体面而且很有钱的人,李家有琢玉的手艺,为什么日子却清苦呢?殊不知20世纪初,国力积弱难返,半殖民地半封建的中国民不聊生,市场萧条,雕琢玉器的手艺人与其他艺人一样,也都是吃了上顿没下顿。苏州的玉雕非常出名,明代嘉靖、万历年间琢玉工艺家、雕刻家陆子冈,出手的很多价值连城的精品,都成了如今故宫的珍宝,但那也要依赖当时的社会稳定,经济繁荣。到了清末,社会动荡不安,芸芸众生皆在生死线上挣扎,哪有什么人来买玉呢?而且,名家大家毕竟凤毛麟角,一个普通的玉雕艺人,没有钱囤积材料,也没有机会将自己的作品直接卖给有经济实力的人,完全给生意人打工,肯定发不了财。

非但发不了财,李竞雄三岁的时候母亲因病去世,七岁时又痛失父亲,一个孤苦伶仃的七岁孤儿,境况委实太凄惨。这个琢玉之家的孤儿,不知他自小对玉的感觉是怎样的。都知道玉是宝贝,"黄金有价玉无价""金口玉言""金玉良缘""金童玉女"……在一个琢玉之家,这冷冰冰的玉石维系着一家人的温饱,凝聚了一家人的希望,可是,他并没有来得及尝到一丝一毫的玉之甘美,就成了孤儿一个。在他眼里,一块宝玉,可能还不及一个能啃啃填肚子的"玉麦"更实惠。

日后,当他见识到一种称为"玉米"的食物,他是否会隐约想起苦难的童年呢?玉米其实与玉并没有关系,但人们之所以要以"玉"来与这种"米"联系,起码,它们在光泽的温润上是相通的。

幸而天无绝人之路,他被好心的堂伯父收养。

根据资料记载,被堂伯父收养的小竞雄,读完小学后,随堂伯父辗转京、鄂、鲁等地。在校读书,一般相对风平浪静,故事没有大起大落;但流离失所、颠沛异乡,则充满着许多的变数。苏州是江南水乡,他随伯父到了北京,到了湖北,到了山东,地貌风俗,与苏州大相径庭,肯定是满眼的新鲜,也满心困惑吧?我尤其会想到,当他看到一个三岁的孩子怯生生拽着自己母亲的衣襟,七岁的孩子乐滋滋坐在父亲的肩头,他一定会有许多的感触吧?他想自己的母亲吗?他想自己的父亲吗?想到这里,我总是忍不住有些揪心,真是难为这个孩子了。

1926年,他13岁,又被堂伯父送回家乡苏州就读。为了方便上学,从初中二年级起,他寄宿在校内,自己料理自己的生活,直到1932年从苏州中学高中毕业。

由于家庭经济困难,李竞雄申请到一年的奖学金,暂且升入并不热门的浙江大学农学院学习。在校期间,他因成绩优异连获校内奖学金,得以读完大学。

贫穷苦难对于平庸者来说,只会是怨嗟的借口,会乘机破罐子破摔;而对于真正的强者,敢于"竞"争、

状元之乡今胜昔

苏州中学校门

敢做英"雄"者,境况则大为有异——"艰难困苦,玉汝于成",要成大器,必须经过艰难困苦的磨炼。经历过的艰难困苦,不会是白白经历,它们也会像人们爱惜玉一样爱护你,帮助你。艰难困苦的环境,的确能使人消沉、颓废,但这也要看是面对什么人,困境犹可激发逆转,挫折会使坚毅者更加坚强。

大学毕业后,李竞雄留校当助教。半年后,由冯肇传教授推荐,李竞雄应聘到武汉大学农学院当李先闻教授的助教。湖北的武汉,于他并不陌生,小时候就到过,羽翼渐丰的李竞雄,要于此大干一场了。他勤奋忘我地工作,才华日益显露,加上自己能吃苦,大度肯让人,周围人都喜欢这个讲着苏州口音普通话的年轻人。他被推荐参加了在武汉大学召开的中华农学会新中国成立前的最后一次年会,并宣读了自己的论文摘要,听者感觉别开生面。就这样,李竞雄正式进入细胞遗传学研究领域。

七七事变后,日本鬼子全面入侵中国,李竞雄没有机会扛枪上前线杀敌,但国仇家恨铭心不忘,他要用自己的科研成果让自己的祖国强大起来,不受外邦豺狼践踏。他跟随李先闻教授入川,到成都四川省农业改进所稻麦改良场工作。他们的科研团队先后在秋水仙精引变植物多倍体、粟类远缘种间杂交及其进化、小麦染色体联会消失基因、小麦矮生性状的遗传分析等方面,都取得了独创性的研究成果。

琢玉人家出身的苦孩子,虽然尚未倾心玉米,但已经可以明显感觉到,玉米在微笑着向他招手了。

三、跨越太平洋,寻找他山之石来攻玉

要想有所突破,必须站在世界的峰巅来俯瞰。"书山有路勤为径,学海无涯苦作舟",他决意出国留学,寻求世界上最先进的遗传理念和科研新成果,走自己的路。

从资料上可以看出,1944年秋冬至1948年初秋,李竞雄先后获得美国密苏里大学、明尼苏达大学及康奈尔

大学研究助教的名额，以研究生的名义注册入学。他在密苏里大学的指导教授L.J.斯塔德勒，是在大麦、玉米中首先发现X射线诱发植物基因突变的遗传学家。李竞雄受这种思路的启发，后来在康奈尔大学，也以射线诱发染色体结构变异为题从事论文研究。由于密苏里大学那时不开系统遗传学课程，他不得不中途辞去助教工作，转到明尼苏达大学就读。按照预定计划，他去明尼苏达大学是作为短期过渡，所以，在那里他只上了一个学季的课程，帮助细胞遗传学家C.R.伯能教授观察鉴定玉米染色体易位材料。1945年6月初，学季刚刚结束，他就应康奈尔大学遗传学家L.F.伦道夫教授之邀，到加利福尼亚理工学院去协助一项玉米研究。这样，在他正式攻读学位以前，就已经结识了美国的一些老一辈著名遗传学家。

经过几次转学奔波，李竞雄终于在1945年8月，从加利福尼亚州来到纽约州的康奈尔大学。

不知他入纽约州康奈尔大学的那晚，有没有想起自己童年时代的漂泊。那时，他是一个完全需要人养育的孩子，一个没有父母的孩子，完全没有选择余地地被动奔波；如今则不同，他是在完全清醒地设计自己，壮大自己。玉米是从美洲跨越太平洋进入中国的，他此番人生轨迹，近乎追踪溯源，从亚洲东部、太平洋西岸，跨越大洋，到太平洋东岸的美洲，到玉米的出生地，虔诚研究。

在校的三年，他用一半时间帮助导师伦道夫教授从事研究工作，其余主要精力悉数花在玉米相互易位研究上，同时，也选读一些必要的课程，以备后用。在完成了硕士论文后，他紧接着选用了X射线照射玉米花粉，来分析杂种一代的各种染色体畸变频率及其分布规律，作为攻读博士学位的研究课题。后来，他从中发现和积累了不少富有细胞遗传学意义的材料，如臂间倒位9A等。他和同伴在此基础上又继续默默钻研多年，人家已然涉及的领域，他们自己再经历验证一遍；人家没有涉猎的领域，他们就一遍又一遍地乐而忘返，即便有些"高处不胜寒"，那也是"山高人为峰""一览众山小"，并且"风景这边独好"。

1946年秋，李竞雄接受了指导教授的邀请，第二次来到加州理工学院的实验农场，参与美国农业部主持的比基尼岛原子弹爆炸试验对玉米细胞遗传效应的研究。这项生物效应试验与李竞雄正在进行的研究课题有密切关系，他像一个平时早就多遍练习拳法的武士，忽然感觉一下子进入了自己的拳路，驾轻就熟，柳暗花明。前面吃过的苦，都值了！他与伦道夫及E.G.安德森教授共同完成了两篇论文，分别发表在《科学》和《遗传》刊物上。这在当时世界上是最尖端的发现，尽管彼时国内报纸信息不是太灵通，但也知道自己的游子参与的这两篇论文所含的分量，对此也专门有电文给予报道。

最能体现其为有心人的是，1948年6月，他已经完成博士论文答辩，准备归国了，还要见缝插针地继续自己研究的课题。按常理，大功告成，该是一身轻松地去游玩一下美国的山水或城市，调理一下这些年海外奔波的疲惫身心。许多人也的确是这么做的。但他没有。那时，飞机航班远没有如今这么便捷，只能乘船，需要提前很多时间订船票，他就充分利用了这个时间差。船票订好后，离回国的起航期还要等两三个月，于是，在事先安排下，他第三次来到加州理工学院安德森教授的试验农场，进行他所发现的玉米第9染色体臂间倒位的细胞遗传学研究，并取得了不少第一手可贵资料。最主要的是，他趁着各地玉米遗传学家来此集会做假期内研究的机会，了解到当时许多最新的研究进展和学术见解。只有对事业忠心耿耿者，才会如此忘我，瞄准世界最尖端的研究，默默前行。

游子乘船归国，心里是满满的充实、满满的踏实。凭栏远眺，想想唐代羁旅诗人张继的名句："姑苏城外寒山寺，夜半钟声到客船。"静心听听，似乎隐约真的能听到那钟声。那是故乡的深情呼唤啊！李竞雄！苏州人民的优秀儿子，你要回故土报效父老乡亲了！

李竞雄回国后，于1948年11月初不顾国内解放战争的炮火，谢绝亲友劝阻挽留，毅然北上，应聘到清华大学农学院任农学系主任。当他带着家眷由上海乘船到天津，继而转来故都北平西郊时，离11月底发起的平津战役已不到一个月的时间了。亲友为什么要劝阻？因为炮火有危险。他为什么要铤而走险？因为报国心切。就在这既决定国家命运又关系个人安危与前途的关键时刻，他做出了自己的抉择，到任清华园，坚守岗位，迎接北平解放和新中国诞生的曙光。

如果我没有猜错，他乘船从上海出发，经过东海到黄海、渤海之前，他会立在船舷旁，借着东升的旭日，往西南方眺望他的故乡苏州，并默立誓言，决不辜负故乡父母的亡魂，不辜负堂伯父领养和母校苏州中学的教育之恩。

四、让数以百万计的父老乡亲不再饿肚皮

中华人民共和国成立后，经过院系的调整，李竞雄先后在北京农业大学任教授兼农学系作物栽培教研组、遗传教研组主任，从教20多年。在此期间，他被选为第三届全国人大代表。

李竞雄从学生时代起就对遗传学有很大兴趣。资料记载，他的启蒙老师棉花专家冯肇传教授非常欣赏他，推荐他在浙江大学农学院兼课，讲授遗传学整整两个学期。边授课边读书和积累，他将当时学界很推崇的刚出版的辛诺特和邓恩等人合著的《遗传学原理》作为指定参考书，与学生一起攻读。这本重要文献，成了李竞雄

不忍释手的读物，读深读透，并从中得到诸多启发。大学毕业后，他师从李先闻，对细胞遗传方面的研究又有大步推进。在美国留学期间，硕士、博士论文也都是在细胞遗传学领域勤奋采撷，苦心酿蜜。

从1938年到1948年，他在这个遗传学新兴领域整整钻研了10年的时间，如同诗中所言，"面壁十年图破壁"，他的各项内功，足以让他走上该领域的最前沿。李竞雄在美国期间把主要精力全部放在玉米细胞遗传学研究上，不仅因为玉米是探索细胞遗传的好材料，而且可以通过该研究触类旁通。更重要的是，他考虑到中国将来农业生产的发展，当时中国玉米遗传育种和生产都很落后。

李竞雄在回国时，除了带回研究用的遗传材料，还广泛征集了一批珍贵的玉米自交系，作为以后开展玉米杂交育种的准备。他有着坚韧不拔的毅力，顶着压力，独辟蹊径，迎着困难搞科研。时隔40年，曾经是李竞雄多年助手的郑长庚教授，在回忆往事时深有感触，他说："当时我们跟李先生一起工作，条件多么困难啊！现在看来，有一条经验是应该肯定的，那就是看准了就得坚持。"

事实正是如此。在李竞雄及其助手们多年坚持不懈的努力下，1956年，育成了首批"农大号"玉米双交种。接着，发放各地试种、示范，表现出生长整齐一致、抗倒抗旱和显著增产的特点，许多省（市）纷纷要求种植。为了把玉米杂交种的繁育技术和优良种子一起送到农民手里，李竞雄多次应邀深入山西、山东、河北农村和北京郊区进行讲解，传授技术，培训骨干，并和地方工作人员一起研究解决疑难问题，为中国选育和利用玉米自交系间杂交种奠定了基础。以山西省为例，从1960年试种玉米双交种开始，在短短的5年内就发展到500万亩，占当时全省玉米总面积的50%以上。从全国范围来说，1965年玉米杂交种种植面积仅占玉米总面积的4%，平均亩产仅为100.5公斤；到了1987年，玉米杂交种种植面积已占到80%，平均亩产达到263公斤。而且，所用的杂交种全都是由中国自己选育。这是全国上下共同努力的结果，但历史也会深情记下一笔，那就是开创这项科研技术的带头人，是一个普通话中带有苏州口音的教授。

李竞雄的贡献，形象点说，就是解决了数以百万计的百姓饿肚皮的问题。让多少三岁的孩子不会再失去母亲，让多少七岁的孩子不会再失去父亲……

1972年9月，他作为中国农业代表团成员，到朝鲜民主主义人民共和国进行考察访问。1973年夏天，他组配了"中单2号"组合，在全国各地试种，成效显著，产量超过当时推广的生产用品种。他本人在1978年获得了全国科学大会奖。1984年6月，国家再授予他国家发明奖一等奖。

1978年，中国农业科学院恢复建制后，原中国农林科学院农业所的部分人员和下放北京市的原中国农业科学院作物所的人员，合并组成了作物育种栽培研究所，李竞雄被任命为副所长兼玉米育种室主任、研究员，主持玉米育种研究工作。1980年，他被选为中国科学院生物学部委员，先后被聘为农业部科学技术委员会委员、农业部杂交玉米专家顾问组副组长，当选为中国作物学会第三届理事长、中国遗传学会理事、第三届中国科学技术协会委员、中国农业科学院学术委员会委员。1983年以来，他被聘为"六五""七五"国家重点科技攻关项目全国玉米新品种选育技术课题专家组组长，国家自然科学奖励委员会委员，担任《作物学报》副主编、《中国科学》《中国农业科学》编委等职。1989年，国务院授予他全国先进工作者称号。

李竞雄，无愧于"中国杂交玉米之父"的称号。

五、"我离不开玉米，玉米也需要我"

在改革开放的新时期，为使中国农业科学技术更加蓬勃发展，李竞雄教授虽年逾古稀，仍斗志不减当年。每年盛夏时节，他都要坚持到田间进行玉米选育授粉，一丝不苟地做着手脑并用的工作。看到碧绿的青纱帐，他就如同鱼儿畅游大海。看到顶着"胡须"的玉米棒

《中国农业科学》期刊

子,他就想到家乡所说的"玉麦"。

李竞雄这一代亲身经历过外国列强欺压的中国学人,对青纱帐有着强烈的民族情结。这里,也是他们迸发磅礴力量之源。

他一生就爱这个玉米。他让这个舶来品,结合中国的土地和雨水,吮吸中国的地气,生长出中国的香甜。

他身边的同事和他的学生都印象深刻,这位普通话中带有苏州音的教授,一向强调自己动手,亲身实践,50多年如一日,全身心扑到玉米上。在北京农业大学的20多年教学和科研生涯中,他不但没有休息过一个暑假,而且在酷暑中天天下地,钻入闷热的青纱帐中工作,甚至遇到急风暴雨也不愿离开现场,连星期天这种休息日也不例外。国家安排的教授休假，很难见他报名参加，因为这个档期往往正是玉米开花的季节。他常说："我离不开玉米，玉米也需要我。"多么朴实真诚的话语！他是著名科学家，他也更像是纯朴的乡间老农！

在努力搞好研究工作的同时，他还倾注了大量的精力，悉心指导培养后继人才。李竞雄在北京农业大学任教期间，为国家培养了大批专业人才，他们现在已是全国各地农业教学、科研、生产战线上的骨干力量。李竞雄是一位名副其实的严师，比如请他审阅稿件，他不仅认真地看，而且一字一句地斟酌、修改，连一个用错的标点符号也绝不放过。就像他父亲在琢玉，精雕细刻！

他是《作物学报》的副主编，据论文作者回忆，轮到由李教授终审的那期稿件，他往往都要伏案半日，字斟句酌，让论文质量再提升一点。不管作者是谁，大名家，或名不见经传者，一视同仁。有时还会把作者请来，当面探讨，直言相告，当场修改。和他接触较少的人认为他太严厉，不敢接近。其实，他最认真负责和实事求是。他的这种耿直的性格和严谨的治学态度，受到了同行和后辈们的尊敬。有一位北京农业大学20世纪50年代毕业，现已是省级农科院院长的湖南籍学生，在一次聚会上回忆起一段不平常的往事：1957年，这位年轻人被错划成右派，而在当时的一次会议上，李竞雄竟直言不讳地保护他，说他不够右派。这在当时，要冒多大的风险，要有怎样的胆识才敢为！由此可见，他有严父的一面，也有慈母的一面。他是那种外冷内热的人。

李竞雄一直保持着节约朴素的工作作风。他从不为自己的实验室争设备仪器，片纸碎物，只要还能利用的就不舍得扔掉。用过的每个装种子的牛皮纸袋，他也要擦去旧字，重复使用，其勤俭节约可见一斑。他的助手们不仅从他那里学到了科学技术，也学到了勤俭创业的品格，这对中青年科技工作者影响深远。至今，他于校园中的铜塑像前，是年轻后辈最爱去的瞻仰缅怀之处。每逢清明节或者他的生日，许多人都要买一束鲜花，放到他的塑像前，或站在他身后留影。先生的面容并不是笑容可掬的，却完美体现了他的精气神。

李竞雄为中国农业教育和科技事业辛勤工作了50多年，他从倾心基础理论研究逐步成为理论联系实际、强调科学技术要面向国民经济建设的务实科学家。后辈的科学家和他长期相处，感受到他的这种变化有着一种内在的联系，这就是：他深切地认识到我们的国家还比较贫穷落后，人民还不富裕，一个教育、科技工作者，一名共产党员，在改造客观世界的斗争中，要时时处处实事求是，坚持真理，以身作则。他就是这样脚踏在祖国的土地上，肩负着时代的使命，为改变贫穷落后面貌几十年如一日地辛勤耕耘着。

1997年6月28日，中国科学院院士、中国农业科学院

李竞雄铜像

作物育种栽培研究所李竞雄研究员因病在北京逝世,享年84岁。

踏遍青山人未老,青纱帐中觅英魂。他的贡献,将伴随他的父老乡亲,伴随他天南地北的同胞,永存。

何泽慧：
"中国的居里夫人"

> 何泽慧（1914—2011），祖籍山西省灵石县，1914年生于苏州，家住十全街灌木楼。中国原子物理学家，1980年当选为中国科学院数学物理学部委员（院士），被誉为"中国的居里夫人"。

一、走在这所校园里，我独自频频鞠躬

一个人，在一个晴朗的初冬，走进一所历史悠久的名校，心情是颇不平静的。

尤其是这所江苏省苏州市第十中学，校史百余年，名人俊采星驰，人们走在校园里，举手投足，都仿佛在众目睽睽之下。其实校园里几乎没有人，阳光平和地洒落在古朴的亭台楼阁，高大的银杏树开始接受"西风凋碧树"的洗礼，我也深感走进了时间隧道之中。

这所校园建在清代织造署遗址内，古迹众多。新修的建筑也讲究与古迹的和谐，似乎是大家旺族的新生

儿,一举一动、一颦一笑,都那么值得品味;像是句子中蕴藏着无数的典故,可以引出很多的注释。这里的西花园来头不小,是清代织造署为皇帝造的行宫旧址,当年康熙、乾隆南巡都在此驻跸。举目看去,诸多的遗存都保护完好,其中现存遗迹多祉轩内还保留着顺治四年(1647年)的"织造经制记"碑文等珍贵文物;矗立于假山池塘中的瑞云峰(北宋花石纲遗物),号称江南园林山石之冠,历经沧桑,挺拔洗练依旧。这座瑞云峰和织造署,均为省市重点保护文物。一所中学校园内有不止一处的省市重点文物保护单位,这样的校园,在我们的日常生活中,还真的不多见。

这所学校,也被誉为"最中国的学校"。

这所学校的前任校长柳袁照,还有现任校长周颖,都是我的朋友。我在此前也多次到过这所学校,甚至在蔡元培先生当年于振华堂演讲的舞台上,我也做过讲座。但是,这次来的感觉与以往大不一样。门卫不让进,给他们看记者证也不行,不得已,只得打周颖校长的电话,才得以跨进周末少人的校园。我丝毫没有因门卫的阻拦而不悦,反而由衷敬重他们,进门时,我还像军人一样朝他们微笑行了一个戴帽礼。

我是从北门进的,徜徉校园,拍摄一些可以当作资料的照片。在首任校长王谢长达的纪念塔前,我毕恭毕敬地鞠了一躬。回头,到她的女儿、接任她校长的王季玉校长塑像前，我又鞠了一躬。这个头一开，也就像拧开了自来水龙头，为振华堂的大门拍好照，我也朝着大门鞠了一躬。给蔡元培塑像拍照，自然更得鞠躬。后面到瑞云峰、长达图书馆、杨绛和何泽慧题词的石头，我也都朝它们一一鞠躬。

振华堂大门

这所校园的前身叫振华女中，诞生于晚清。如今校园中的建筑物，诸如行政办公楼、大礼堂（振华堂）、长达图书馆（蔡元培先生题匾）等业经修饰，旧貌换新颜，新颜又都留古意。各届校友在校园里留下各种各样的纪念性建筑：伟绩碑、己巳亭、凝怀亭、来今雨斋、摩崖石刻、紫藤绿荫廊等，更为西花园添景加彩。

校友是这所校园的雄厚资本。

1906年，"振华女学"由王谢长达女士创办。取名"振华"，当然意在振兴中华。"振兴中华"的口号是孙中山先生在《兴中会宣言》中提出："本会名曰兴中会"，"以振兴中华，维持团体起见"。但民国建立前的1906年，一所女子学校，用上"振华"为校名，的确是胸襟开阔，目光远大。据悉，学校从创办伊始，就得到了堪称现代教育奠基人的章炳麟先生、蔡元培先生的倾力支持，并亲任校董。此外，社会贤达、各界名流李根源、叶楚伧、竺可桢等也出任校董，过问校政。著名教育家陶行知先生曾评价振华女中"是数一数二的学校，是振兴女子教育最早的先锋"。1917年，王谢长达留美的三女儿王季玉硕士从海外归来，接管校务，学校成绩更是声誉日隆，我国学界名流章太炎、胡适之、吴贻芳、贝时璋等，以及美国教育家杜威夫人、法国孟纳博士、英国剑桥大学院长佛莱女士先后莅校指导讲学，对学校成就倍加赞誉。

有这么多的名师，自然会桃李满天下，培养出优秀学生。费孝通、李政道、杨绛、陆璀、彭子冈、何泽慧……

我今天就是为何泽慧而进校园的。我频频鞠躬得有理。

二、轻轻地我来了，正如我轻轻地走

苏州十全街上有一座园林，名网师园，是何泽慧的父亲何澄在晚清时买下的私产。何家与从狮子林中走出的建筑师贝聿铭家很像，都是拥有整座园林的大户人家。名园网师园，1997年12月4日在联合国教科文组织世界遗产委员会第21届全体会议上，与拙政园、留园、环秀山庄为典型例证的苏州古典园林，被批准列入《世界遗产名录》。此前，何泽慧专程从北京回到故乡苏州，出席苏州市政府举行的补办网师园受赠仪式。作为家族的主要代表之一，她无私地把这座名园捐给了国家，这一天是1994年10月22日。

这一天的傍晚时分，一位穿着灰色上衣的满头银丝的老太太从网师园出来，过十全街，过小河，从南大门走进了十中校园。那时大门口还没有穿制服的保安，否则，她就会被拦下了。她进校园后，走走停停，寻寻觅觅，穿过草坪，来到学校最美、文化含量最高的西花园，深情地看着这里的一草一木，还要用手摸摸，一副无限遐想的模样。她对这一切似乎很熟悉，又似乎有些陌生，在瑞云峰的水池边，她绕池一周，用无限爱怜的目光，细细打量着这尊古朴的名石。而后，她又在草坪上踱步，走到紫藤架旁停下来，因为一旁有一块浑圆的石头，一半埋在地下，一半裸露地面，裸露部分上有勒石雕刻，阴文的字上还描有红漆，格外醒目。老人蹲下身子，细细辨析四个字及落款。这四个字是：仁慈明敏。落款号字稍小，为：壬申级训　何泽慧篆。

老人看得非常投入，不觉又用手抚摸石头，捡掉落在上面的枯叶和杂草。

此时是课余时间，老太太的举止引起了下课的师生们的注意，他们能感觉到老人与这块石头有着紧密的关系。于是，有人飞跑到校长办公室，喘着气说，来了个风度气质超群的白发老人。

校长是柳袁照，他立马起身站立，推开桌上的书本，与报信的学生快步赶到老太太身边。经过一番交谈，得知这位老人就是这块石刻的篆额者何泽慧，当年振华女子中学的校友。她于1932年毕业，农历就是壬申级。这是她作为六十二年前那一届的毕业生写下的级训。她看着这四言的级训如此亲切，就形同看到六十多年前自己作业上的字，还依稀流淌着当年的青春气息。

柳袁照校长对于校史再清楚不过。这位诗人气质的校长，握着何泽慧老人的手，开心不已，仿佛一时回到了童年，牵着老师的手。他问，为什么不由市领导陪同前来？话一出口，他就立刻觉得多余。他也最清楚，这正是何老太太的聪明之处，或者说是她惯常的为人处世模式。一个真正做学问的人，一个跋涉在科技高峰上的人,哪里喜欢那种前呼后拥的模式呢?

何泽慧出生在堪称簪缨世家的名门望族,清朝三百年,这个家族出过十五名进士,二十九名举人,山西人讲话,"无何不开科",就是盛赞她的家族出人才。为什么要引用山西人的话?因为她祖籍山西,何家也是山西人的骄傲。

何慧泽的父亲何澄(1880—1946年),字亚农,别号真山。10岁时曾进入私塾读书,21岁时作为山西首批赴日留学生东渡日本,开始了"强国梦"的征程。他还是文物鉴赏家,从日本陆军士官学校毕业,加入孙中山的同盟会。1912年,举家来到苏州十全街上的网师园。1913年,山西灵石声名显赫的何家,在苏州十全街的"灵石何寓"落成,第二年,何泽慧出生在这座古典的苏州园林式的大宅院。

何慧泽在何家孩子中排行老三,前面有一个姐姐与一个哥哥。之后,她又有了五个弟弟妹妹。她的外祖母王谢长达,是当时著名的教育家和妇女活动家,创办了振华女子学校。因重视英语与理科教育,振华女校一度被视为当时的江南清华预备学校。

排行老三的何慧泽自幼机灵敏捷,酷爱读书,成绩优异,深受父母的宠爱。性格也有些孤傲,爱沉浸在自己的书中世界,不愿意陪弟弟妹妹玩耍,认为那是在浪费时间。父亲虽然对这个女儿格外宠爱,但对她不愿与周围人打成一片的个性，可是决不迁就，并就此事还情理交融地严肃批评过她。她也心悦诚服地接受了父亲的教育，主动问起了弟弟妹妹的功课，还陪他们玩耍，并且学会了织毛衣，给弟弟妹妹织过毛衣。弟弟妹妹对这个姐姐更加亲近，敬爱有加。

何慧泽的母亲王季山，是振华女子学校创始人王谢长达的四女儿，王季山的三姐就是后来继其母担任校长的王季玉。何澄敬仰王氏母女办学的热忱，特别信服王季玉的办学观念，把自己的八个子女，都陆续送到振华女校就读。这八个子女后来都事业有成，大都是国内外享有盛誉的科学家。

1920年，6岁的何泽慧进入振华女子学校。此时姨妈王季玉已经接替外婆掌校。何泽慧在振华女子学校前后待了12年，从小学一年级读到高中毕业。十全街的灌木楼与学校就隔一条小河，学校敲钟，她家中也听得见。

振华的校训是"诚朴仁勇"，不花哨不浪漫也不咄咄逼人，只是告诉学生，要活得真诚而质朴，充满爱心，同时，独立、乐观、坚韧，勇敢地热爱那些应该热爱的东西。这四个字，让何泽慧一生受用不尽。

柳袁照校长与前辈何慧泽认识后，一见如故，成了忘年交。之后，柳校长还专门带领学校的教师到北京拜望她。

那天何泽慧私访童年校园，是出席完苏州市人民政府受赠网师园仪式之后。网师园原是她何家的私人产业，新中国成立初期就献给国家了，但一直没有办手续，这次她是来补办手续的。借此难得的机会，分散于海内外的何家人都来了，聚首于昔日的家园。又与母校相距咫尺，她当然忍不住要回母校看看。仪式过后，她一个人悄悄地来到了母校。像一首名诗中所写："轻轻的我走了，正如我轻轻的来；我挥一挥衣袖，不带走一片云彩。"气氛非常接近，但往来的方向刚好相反，变成：轻轻地我来了，正如我轻轻地走；我轻轻地摸一摸那块梦中的石头，依稀握住了当年青春的手……

柳袁照校长到北京看望何泽慧（柳袁照提供）

不想，断开了半个多世纪的情缘，重新继续。

三、从"仁慈明敏"到"爱国奋进"

老校友回母校，又被孙子辈的小校友认出来了，自然免不了要被邀约去和师生们座谈。会上，何泽慧简单地说了几句开场白："我自己的孩子也快五十岁了。所以我不知道你们有什么要求。要我谈六十年前的事情，是不是？我们那个时候哪有如今这样。我今天进来就都不认识了。那时候我们住宿舍，在后边那个宿舍。住楼上，楼上可以看楼下，不是在栏杆或窗口看，而是从楼上的地板直接往下看，楼板有那么宽的缝（用拇指与食指的夹角表示）。所以，你们要我讲多少年前的事，我一时不知如何讲起……这样吧，由你们提问题，你们来问，我来解答。"

看看，毫不煽情，绝无唏嘘感叹，讲求实际，有明确的主题。她和像当年的自己一样的年轻人交谈，要帮这些半大的孩子，跨越时间之流，进入自己生活过的年代。

学生提问，也非常有意思，他们如实客观地从自己的生活经验出发，不会问那些天马行空故作高深的问题。他们问奶奶级的校友，你们那时的课业负担是不是像今天这样重？你本人当时有没有什么远大理想？你取得如此伟大的成就，又是如何争分夺秒学习的……全都是些有关学习的问题。都希望从前辈校友的解答中得到智慧，像她的名字那样，让智慧润泽后学的心田。

何泽慧最想告诉他们的，是自己人生航船最早的一段历程，自己铭心难忘的与这所学校结下的情缘。

何泽慧和这所学校的情缘，当然要从她的上一辈人说起。她的父亲，她的母亲，她的姐姐、哥哥和弟弟、妹妹，当然，还有她的外婆，她的姨妈。

从她的描述中，得知学校当年很重视理科教学和英语教学，数理化都是应用国外原版教材，英语的要求也比教会学校和公立中学高很多。何泽慧就是在振华女校打下很好的理科和英语学习基础的。正如她在回答学生提问时所说：那时候"除了国语，还有地理什么的，这些都是中文的。数学啦，物理啦，反正高中的好些课本都是英文的"。"学英文么，也是选读名著……读一本小说，就叫我们写它的梗概，写摘要。"何泽慧学习英语的方法，也有些特别。她说："那时候一本厚书，我还得从头看起来？不看的。我就看它后面，看它的索引或生词表，我就用它的单词编成一个故事。"

关于振华女子学校，也并不是把西方教育简单地移搬到中国来。在向自己母校蒙特豪里尤科女子学院一次书面汇报中，王季玉引用了母亲王谢长达的话："我们不能让西方教育完全替代东方文明，而是应该让它成为一种有益的补充。"在振华女子学校课程中，中国传统文化占有相当重要的位置，女学生们仍然要读中国儒家经典《论语》《孟子》。国文科的教师都是一时名家之选，如著名版本学家王謇，现代作家叶圣陶、苏雪林等。何泽慧在振华女校受到中国传统文化的濡染，从她的"仁慈明敏"篆额的几个大字看，苍劲有力，有着很好的汉篆功底。学校里至今还保存着何泽慧高中时代的几篇作文：一篇是纪念亡友的悼文、一篇级史、一篇杭州游记、一首记游的律诗。从这些文字中可以看出，少女时代的何泽慧，胸襟开阔，很重感情，积极参加集体活动。不管是用文言文写的，还是用白话文写的，都理畅词达，涉笔成趣。如《旅游杭州记》一文中写登北高峰所见所感："……北高峰至矣。于是俯仰徘徊，纵览六合，见夫天垂如盖，日悬如燧，众山断续环拱，如砺如拳，川海萦回，若带若线。东海、钱塘、天目、武林诸胜，亦无不历历在目焉。"文笔相当不错，观察和想象也是可圈可点。

何泽慧在振华女中，理科最出色，文科也不差。而且，她的体育还相当好，差不多是校园健将级别。何泽慧的绘画、书法，在学生中也是出类拔萃的。她于18岁（1932年）毕业那年挥毫并亲自镌刻了"仁慈明敏"篆额大字，她所创作的《桃花》画，与她的书法一样，让人难以想象这是一个中学生所绘。当年的老师在看了何泽慧的美术作品后，一致认为：她一定会在艺术领域里大有作为，成为一代大家。殊不知，这位扎着两条长长辫子的中学生，竟然还是校排球队的主力，一次在全省举行的中学生排球比赛中，她所在的团队一举夺取了冠军，为学校争得了荣誉。我看到过她们夺魁后的黑白合影照片，何泽慧穿着短衫短裤，英气勃勃。我用手机翻拍照片，遗憾的是有些模糊，效果不理想。

抗日战争以前，有一年振华女子学校高中毕业班二十多个女生中有五名考入清华大学，当时有个说法："北有清华，南有振华。"难怪振华女子学校一时被认为是江南的清华"预备学校"。

何泽慧在座谈会上表示，有生之年还要再来。她与母校师生定下了百年之约，要在2006年百年校庆的时候再回访母校。

2006年10月，校庆的日子快到了，苏州十中人期盼着何泽慧的归来，可是人们失望了，何泽慧因为跌伤了腿，行动不方便，不能践约。可是她家的兄弟姐妹子侄都来了，从国内外各个地方汇聚到校园，一共十七人，俨然一个庞大的代表团。振华校园，也是他们何家的根据地。何泽慧也为母校献上了自己的题词——"爱国奋进"。这一次，她用的是行草，遒劲有力，仍镌刻于石上，置放在西花园的东南面，与西北部的"仁慈明敏"篆刻遥遥相应。从"仁慈明敏"到"爱国奋进"，这是一个从这所学校走出去的女学生的人生领悟，是她告诉现在和将来的校友要记住的话，也道出了她和这所普通中学的毕世情缘。

四、"中国的居里夫人"

振华女校校长王季玉认为，女子教育不应该忽视现在的社会状况和现代的潮流，应该具有国家观念。她让学生接触社会，认识到当时日本侵略日益深入、祖国危在旦夕的严峻形势，引导学生参加救亡运动，带领她们出去为抗日战士募捐，去医院看护伤员，培养学生的爱国志向和情操。王季玉是一个很有民族气节的人，她拒绝日寇汉奸的诱降，甘守清贫，在孤岛时期的上海坚持办学。她的学生兼外甥女何泽慧，就是在这样的大势中

何泽慧手书"爱国奋进"

成长起来的。何泽慧在《级史》中也记下了一笔：这一年（高三）因为注重抗日工作的缘故，对于级会没有什么特别的进展。这种如实的记录，也透露了她对于抗日工作的投入，对祖国民族的深厚感情。

半个多世纪以来，何泽慧经历了太多的事，她与她的祖国一同沉浮。

从这所中学毕业后，何泽慧以优异成绩考入清华大学物理系。那年的清华物理系招生，她是状元，而且是"女状元"。她后来回忆说："考浙江大学的有800多人，考清华大学的人特多，有近3000人，考清华的希望小得不得了，我报考的是物理学系，他们取的只有我一个女生，你说我的运气好不好？！"

当时中国的大学宽进严出，清华的课业尤为繁重。

1936年，何泽慧清华大学毕业照

最终物理专业只有10人顺利毕业，何泽慧是第一名。何泽慧心头高扬报国热情，战争爆发，她和几位男生一起到南京军工署求职，希望以自己的专业报效国家。几位男生被录用了，成绩更好的何泽慧却因为是女性被拒于门外。她没有坐等机会到来，而是果断决定出国深造。出国前，她得知德国柏林高等工业大学技术物理系的系主任曾经在南京军工署当过顾问，于是到德国后直接找到了这位系主任，希望能进入技术物理系学习。

没想到，她马上被拒绝了。技术物理系主任直接说：这个不大可能。因为我们技术物理系需要保密，是不可能吸收外国人的。但何泽慧不服输。她据理力争：你可以到我们中国来当我们军工署的顾问，帮我们打日本鬼子，我为了打日本鬼子，到你这里来学习这个专业，我们目标一致的，你为什么不收我呢？最终，她说服了系主任，成为第一个就读于该学校的外国学生，也是该专业第一位女性。

1940年，26岁的何泽慧获德国柏林高等工业大学工程博士学位，这是中国第一位物理学女博士。她的博士论文是《一种新的精确简便测量子弹飞行速度的方法》。从那一年开始，她在柏林西门子工厂实验室从事研究，三年后又到海德堡威廉皇家学院核物理研究所，在此，她发现并开始研究正负电子几乎全部交换能量的碰撞现象。

后来德国爆发战争,她与她的同学钱三强只能通过书信交流。因为战争的原因,书信不能封口,且仅限在25个单词内。就这样通信两年,钱三强鼓起勇气,写了被认为是影响了近代中国物理学界的信。这就是钱三强给何泽慧的求婚信。

钱三强在信中说道:"经过长期通信,我向你提出结婚的请求,如能同意,请回信,我将等你一同回国。"

她的回复也很简单:"感谢你的爱情,我将对你永远忠诚,等我们见面后一同回国。"

半年后,何泽慧仅提了一个箱子,只身前往法国,和

1948年4月,钱三强与何泽慧回国前,在巴黎卢森堡公园留念

钱三强完婚。婚后，两人一起在法国巴黎法兰西学院核化学实验室（居里实验室）从事研究工作。不久，他们一起合作发现了铀核裂变的新方式——三分裂和四分裂现象，震惊世界。然而，因为对中国的歧视，诺贝尔奖并没有颁发给他们，这成为诺贝尔奖的诸多遗憾之一。然而，世界物理界已经对"何泽慧"这三个字，充满敬意。世界物理界的良心，给了这位东方女性一个大大的奖！

基于她在国际科学界引起的反响，她被西方媒体称为"中国的居里夫人"，她被外国科研团队竞相争抢。而心怀科学报国初心的这对年轻科学夫妇，放弃日隆的声誉和优厚待遇，带着仅7个月大的女儿毅然回国，支援祖国的核物理研究工作。

五、中科院第一位女院士

1948年，何泽慧同钱三强一起回到祖国参与创建北平研究院原子学研究所。1949年中华人民共和国成立后，她投入中国科学院近代物理研究所的创建工作中。1964年起担任中国科学院原子能研究所副所长，为中国的核武器研究做出了杰出贡献。1973年，中国科学院高能物理研究所成立后，她担任副所长。1980年她当选为中国科学院数学物理学部学部委员。

她曾任第三届全国人大代表，中国人民政治协商会议第五、六、七届全国委员,空间科学学会常务理事。

归国后的半个多世纪里,何泽慧组织领导新中国核物理、中子物理、钚化学、热核反应等十多项研究课题,为中国原子弹、氢弹的理论研究做出了卓越的贡献,从而使她成为中国原子能事业的开拓者和奠基人之一。她是中科院第一位女院士、中国第一代核物理学家。她以自己的方式参与了"两弹一星"工程。氢弹研发时,便是她带人在实验室完成了一个重要数据的验证。

1992年6月28日,钱三强逝世。1999年9月,中共中央、国务院、中央军委授予他"两弹一星功勋奖章"。自钱三强去世后,她家里的东西几乎没有一丝改变。不论是卧室还是书房,何泽慧都尽可能地保持着钱三强生前的样子,也许这就是她纪念钱三强的最好方式。

何泽慧院士86岁时,每周还要坚持几次到高能物理所上班。她家住在中关村,所里想派车接送,她坚决不同意,而是挤公共汽车。单位几次请她搬到条件更好的院士楼居住,都被她拒绝了。她朴实得让你感觉不到她是一位令世人敬仰的大科学家。

2005年,已经满头银发、91岁高龄的她,依然在孜孜不倦地工作。从2005年开始,时任国务院总理温家宝先后6次去看望她。温家宝总理这样评价她:何女士在女科学家中是少有的,是人中龙凤。

何泽慧父亲何澄,一生爱国,向往光明,他是山西剪辫子第一人，也是山西第一位前往日本的留学生。他一生对何泽慧的影响非常大。何泽慧年幼时，她目睹父亲开办工厂，家里有汽车，这在当时是非常少见的。暑假期间，父亲还经常带着全家去各地旅游，家里早早购买了照相机，何家儿女因此留下了丰富的影像资料。何泽慧的八个兄弟姐妹中，共出了4位著名的物理学家、一位植物学家、一位医学家。抗日战争爆发后，父亲何澄命5个儿子全部放下手头的工作与学业，前往大后方支援抗战。1948年，何泽慧与丈夫钱三强带着刚出生七个月的大女儿回国，共同从事核物理研究工作；何泽慧的姐姐何怡贞也从美国返回祖国。1949年，何泽慧给在台湾大学读研究生的妹妹何泽瑛汇款50美元，使她买到最后一班回大陆的船票。至此，何家八兄弟姊妹在新中国成立前，全部回到了祖国。

　　诺贝尔物理学奖获得者美籍华裔科学家李政道也是振华校友，推算起来，他是何泽慧的学弟。他在1994年的夏天回到母校讲学，给母校题词："英才出于少年，全校皆是俊杰。"他对师姐何泽慧的评价是："何泽慧先生是中国原子能物理事业开创者之一，是中科院近代物理研究所的创建者之一。她以满腔的热忱领导开展中子物理与裂变物理的实验，她积极推动了祖国宇宙线超高能物理及高能天体物理研究的起步和发展。"

　　2011年6月20日，我们敬爱的科学家何泽慧走完了她人生的旅程，享年97岁。

何泽慧去世后，新京报对她在北京大学物理学院做教授的儿子钱思进做过采访，问他小时候对父母的印象是怎样的。钱思进说："他们工作特别忙。我从幼儿园开始，到小学，就一直住校，周末回家。当时每周有六个工作日，我母亲只有周日才回来。晚上母亲会经常和我们通电话，和我说的不是很多。我二姐上中学时，母亲有时和她通电话一起分析数学题。当时我父亲在二机部工作，每天早出晚归，经常出差。家里有个60多岁的老保姆，平时负责照顾我们姐弟三人。"

新京报记者又问，住在"特楼"时，和邻居们的关系如何？

钱思进说："我家对门是贝时璋老先生，贝伯母和我母亲都是苏州人，而且贝伯母还是我母亲读振华女中时的老师。赵忠尧先生住我们家对门的楼下，赵伯伯比我父亲大十余岁，我父亲管他叫老师。赵伯伯有时来我们家谈工作，他们有时谈得很投入，父亲声音比较大，但是我那时听不懂。我小时候喜欢玩无线电，对门贝时璋老先生的小儿子贝德是学电子学的，我做电子线路遇到问题时就去找他，做出点小玩意儿什么的也会拿给他看。赵忠尧先生的儿子我们叫赵哥哥，他有时也会和我们一起做收音机。"

新京报记者问：在儿子眼中，母亲何泽慧是个怎样

何泽慧院士与子女在一起

的人?

钱思进不假思索地说:"就是个特别普通的老太太。她动手能力特别强,什么事儿都自己做,家里的东西,比如桌子、椅子坏了她都自己修。我小时候穿的裤子,有的是我母亲拿姐姐们的女裤改的,她还给我父亲缝过钱包,教姐姐们织毛衣。"

织毛衣这个细节,有心的读者,一定会联想到本文前面写道她给弟弟妹妹织毛衣的事情。多少年过去了,她的慈爱,她的能干,她的普通随和,不但让弟弟妹妹受益,也让她的子女受益,并为他们树立人生的标杆。

据苏州档案馆副馆长沈慧瑛介绍,何泽慧与丈夫钱三强40多年相濡以沫,非常恩爱。钱三强去世后,有搬迁好房子的机会,她都不肯搬。有高档实用的新家电,她也不感兴趣。孩子们也理解母亲的情感寄托，不改变家中陈设。母亲仍沉浸在与父亲一起生活的空间中，运行着同样的轨迹。

何家不但向国家捐赠了网师园，后来又先后将包括沈周、张大千书画在内的1347件文物，642册珍贵版本古籍及72方印章、印材都捐赠了，是向苏州博物馆捐赠数量最多的捐赠人。沈慧瑛多次到北京看望何泽慧，两人也建立了深厚的感情。2012年，何泽慧的子女遵照母亲遗愿，将其生前使用过的办公、生活用品，捐赠给了苏州市档案馆，沈慧瑛就是接受捐赠的见证人。

何泽慧，她就像一颗耀眼而恒久的彗星，灿烂了她一生热爱的祖国的天空和她家乡的苍穹。但愿，也能照亮许多小读者的心灵世界。

贝聿铭：
给大地带来立体诗篇的爱美者

> 贝聿铭（1917—2019），男，出生于中国广州，祖籍江苏苏州，是苏州望族之后，美籍华人建筑师。荣获1979年美国建筑师学会金奖、1981年法国建筑学金奖、1983年第五届普利兹克奖及1986年里根总统颁予的自由奖章等。1996年当选中国工程院外籍院士。

一、狮子林与说粤语的少年

1917年的暮春，广州一贝姓人家诞生了一个男孩儿，取名贝聿铭。

不久，这家人举家迁居香港。在广州和香港，知道贝氏家族的人，大都因其银行家的背景而肃然。银行家嘛，都是与成千上万、成万上亿的钱打交道的，这种大户人家的孩子，生来衣食无忧，出门有用人照护，家中还有专门的家庭教师，所以小贝聿铭受到了良好的教育。他小学时入读的学校，是香港一所名为圣保罗书院

贝家全家福

的学校。

广州与香港这样大城市的富人区里,这样的家庭并不少见,左邻右舍的人们,也未见得会对其另眼相看,更不会大惊小怪。但在江南苏州,人们说到贝氏,就不只是像广州人、香港人那样,仅仅以"有钱人家"来定位了,他们会给这个有钱人家着重注明,是"久久有钱的人家",名门望族。

二者有区别吗?当然有。

在这个世界里,随着城市的发展,工商业财富的集中,只要做成一笔大生意,或者彩票中了一个大奖,都可以迅速甩掉贫困帽子,摇身一变,成为有钱人。这种迅速暴富的人,有了钱就去看楼盘,买房子。算算钱还多，那再买辆豪车。钱仍然绰绰有余，咋办？平时肯德基都难得吃到，这回，可就不再是吃这个玩意了，而是海鲜酒楼、山珍海味、大龙虾伺候。一家子独乐还不过瘾，那就干脆请亲戚朋友、左邻右舍吃饭，在门前的弄堂摆他个一溜十几桌，都上好酒好菜，大家扯开肚皮胡吃海喝。于是，有人白吃白喝了，还要背地嘀咕：这小子，显摆呢，烧包呢，发了点财就不知天高地厚了，不折腾光不罢休。发财户也听到了这个话，非但不生气，反而哈哈大笑，他要的就是这个效果。平时被人看不起，不就是因为穷吗？不就因为口袋里没钱吗？今天，咱就要扬眉吐气一回，气气那些家伙。接下来，还要带全家出去旅游一趟，住五星级高档宾馆，在澳门看到赌场，还要进去豪赌一把，结果，输了个精光，败光家产，回来卖车卖房，一夜回到解放前。

这就是许多暴发户的轨迹。

难怪祖先要叹一声：富不过三代。原因是，打江山难，打下江山守江山更难。

而苏州贝家呢，人家从明代中叶定居苏州开始，就始终富而不败。到了清代的乾隆年间，贝家因为经营"刘海"商标的国药号而成为苏州城里的"四富"之一。贝聿铭的祖父叫贝理泰，他是苏州创办银行的第一人。他还担任过苏州商会会长等众多社会职务，在苏州威望极高。到了贝聿铭的父亲贝祖诒，则成了中国第一位国际汇兑专家。此后，他一生都从事金融事业，曾任中国银行代总经理、中央银行总裁等重要职务，贝家几百年间传十五代人，财富不倒。既没有"坑爹"者，也不见"坑儿"者。

贝聿铭就成长在这样的家庭。

1927年，在贝聿铭10岁的时候，他父亲调到了上海工作，出任中国银行上海分行总经理，一家人也随之搬到上海，贝聿铭自然跟着到上海来读书。上海与苏州隔壁，他们家的根基都在苏州，这就等于是回到了老祖宗的身边。暑假待在上海没劲，苏州的爷爷奶奶也想念孙子，他也乐得回到苏州西花桥巷的祖父老宅，与爷爷奶奶一起过日子。尤其是在他13岁这一年，母亲病故，父亲再婚，他与爷爷奶奶相处的时间就更多了。

这时的苏州名园狮子林里，常见到一个说粤语的少年，痴迷地在假山里钻来钻去，用粤语说说笑笑。这个说粤语的少年就是贝聿铭。他在香港生活了十年，再到上海，自然主要还是说粤语。

这里要说一说狮子林了。

1997年12月4日，联合国教科文组织世界遗产委员会第21届全体会议，批准了以拙政园、留园、网师园、环秀山庄为典型例证的苏州古典园林，列入《世界遗产名录》。2000年11月30日，联合国教科文组织世界遗产委员会第24届会议，又批准了沧浪亭、狮子林、艺圃、耦园、退思园增补列入《世界遗产名录》。狮子林现由苏州园林局管理，被列为世界文化遗产、全国重点文物保护单位。

这座狮子林与贝家颇有渊源。1918年，也就是贝聿铭1岁的那一年，他的叔祖父、当时被称为上海滩"颜料大王"的贝润生，购得此园。他们家的宗祠，就设在狮子林里，此园当时属私人财产，可不像今天这般游客云集。在安安静静的园子里，亭台楼阁、假山水榭、回廊花窗、小桥飞瀑，成了贝聿铭与他的堂兄弟们玩耍的乐园。即便随大人在这里参拜祖宗，他也定然是小和尚念经——有口无心，跟着磕头作揖，但心思还在祠堂外。仪式一结束，他们一帮小家伙就小鸟一样窜出，叽叽喳喳飞向假山上攀缘钻洞，疯玩开了。这颇似鲁迅先生写童年生活的《从百草园到三味书屋》，狮子林就是少年贝聿铭的"百草园"。这里留下他的少年记忆，也滋养了他的一生。

有一张他拍摄于狮子林的照片，非常有意思。他双手撑在膝盖上，明显是冲着镜头笑哈哈搞怪，白色裤子，西装领带，白色裤子上熨斗留下的裤线笔挺，小小少年居然还梳理了一个纹丝不乱的"大背头"。能看出这狮子林里说粤语的少年，自小就非常讲究仪表美，器宇不凡。

狮子林里说粤语的少年

二、看着上海国际饭店拔地而起,并为其画设计图

　　上海,是我国的直辖市,也是国家的中心城市、超大城市,是中国经济、交通、科技、工业、金融、贸易、会展和航运的中心,当代首批沿海开放城市。上海地处华东,位于浩浩长江入海口,是长江经济带的龙头城市,隔东海与日本九州岛相望,南濒杭州湾,北、西与江苏、浙江两省相接,外围联系最为密切的城市,当然就是苏州。

　　上海是世界上规模和面积最大的都会区之一。上海

狮子林之秋

港货物吞吐量和集装箱吞吐量均居世界第一,是一个良好的滨江滨海国际性港口。上海与江苏、浙江、安徽共同构成的长江三角洲城市群,已成为国际六大世界级城市群之一。曾经有文人说,苏州是上海的"后花园",可见二者的经济和文化关系。

但历史上,从唐宋一直到明清之际,上海都从属于苏州,为苏州所管辖。那时,上海叫"华亭县"或"松江府"。

随着中国和世界经济的发展,上海迅速崛起。江南的传统吴越文化与西方传入的工业文化相融合,形成了上海特有的海派文化,上海人多属江浙民系,使用吴语，形成了上海话。上海话既然是吴语，当然与苏州又有许多关系。具体来说，吴语的代表是苏州话。外地人初到上海或苏州，完全分辨不出两地语言的差别。其实，二者还是有着诸多差别的。我是湖北人，到苏州至今整整生活了31年，语言当然早就没有任何障碍了。但我初到苏州，是分不清上海话与苏州话的，感觉完全一样。还是过了一段时间后，自己仔细分辨和琢磨，从人称代词中的第一人称和第二人称找到窍门，才得以分辨上海话和苏州话。我的归纳是，凡说话中第一人称的复数说成"阿拉"，那就是上海话，因为苏州话不说"阿拉"，说我为"藕"；第二人称说"侬"的，也是上海人，苏州人的第二人称说"倷"；第三人称呢，都是说"伊、伊拉"，无法分辨，那就让其靠边站，不拿来比较。总的来说，苏州话偏软，所谓的"吴侬软语"，指的主要是苏州话。

少年贝聿铭到上海，肯定是不会说上海话的。当然，也自然不大会说苏州话。他一生也一直坦言自己是"中国苏州人"。海外生活超过一个甲子的贝聿铭，一直到90多岁，还会说粤语，并且会用粤语背诵唐诗。他也喜欢听昆曲，听苏州评弹，如此说来，他也绝对能听懂苏州话。他家人说的都是苏州话，父母、爷爷奶奶，堂兄弟姐妹，都说苏州话，如果他听不懂苏州话就怪了。

说起他在苏州的少年往事，从他晚年在美国的起居生活中多次说想念苏州的"鸡头米",也能想见苏州生活给他少年时代留下了深深印记。

苏州的"鸡头米",学名叫芡实,以城东黄天荡种养出来的最为有名。这道美食,要趁新鲜吃才美妙,先要采下莲蓬,剥下带皮的莲子,再剥去莲子的外皮,全然手工,用一种套在拇指上的"铁指甲"一粒一粒剥。这个"米"也才豌豆大小,黄白色,透出一股清香。煮的过程,是水开后投入锅中一两分钟就要灭火,盛起后放桂花蜜糖等,又嫩又香还有嚼劲。难怪会勾起一个海外老游子舌尖上的乡愁。

估计他当时是在骆驼担上吃到的。苏州的小巷,在民国年间和新中国成立初,有沿小巷叫卖的这种小吃担子,一头炉火,一头食品,小馄饨、汤团、糖粥,在小巷中飘香。挑担者边敲竹梆子边叫卖:"笃笃笃,卖糖粥!"孩子们口水就来了,就要缠着大人出门来一份儿。

除了吃的,这个时期于贝聿铭一生记忆中最为难忘的,应该还是亲眼看着上海国际饭店拔地而起,并为其画设计图。

中学生贝聿铭,常到一家台球馆去玩台球。正在建设中的上海国际饭店,正缓缓地拔地而起。这座当时上海滩最高的饭店,就在台球馆附近。这不能不引起了他的好奇心:人怎么会有能耐建造这么高的大厦?不知不觉间，他被这座拥有24层楼高和200多个房间的"远东第一楼"深深迷住。随着工程的进展，他还在自己的小本子上画着他想象中的高楼，这无疑可以视同为他最早的建筑设计图。高楼不可能与他小本子上的图有什么关系，但一个设计的梦想，像一颗饱满的种子，潜入少年的梦乡，生根发芽。

当时，他每天中午放学，都会乘电车到"大光明"，碰上新片上映，就躲进电影院看电影，没有新片就坐在梧桐树下，仰望上海国际饭店的雄姿。日后他坦言："特别值得一提的，是它的高度，我被它的高度深深地吸引了，从那一刻起，我开始想做建筑师。"

在当时的亚洲人看来，这幢上海国际饭店巍峨雄浑，与小桥流水的狮子林形成巨大的反差。但谁又能清清楚楚地区分开来，这个苏州的名门望族之后，来日在国际大舞台上的不朽建树，到底来自现代，还是传统？抑或二者水乳交融、融中西理念为一体呢？

三、波士顿肯尼迪图书馆背后的隽永细节

几十年来，贝聿铭在美国各地负责设计过许多图书馆、博物馆、商业中心、摩天大厦，他也在加拿大、法国、澳大利亚、新加坡、伊朗和中国的北京、香港、台湾等地设计过不少大型建筑。他是公认的世界著名建筑

大师。

　　在美国的许多大城市中，都有贝聿铭以卓越的才华设计出的让人津津乐道的作品。他设计的位于丹佛市的国家大气研究中心、纽约市的议会中心等建筑物，使很多人为之倾倒。而费城社交山大楼的设计，则使他获得了"人民建筑师"的称号。在他设计的诸多建筑物中，华盛顿国家艺术馆东大厅令人叹为观止。美国前总统卡特就称赞之："这座建筑物，不仅是首都华盛顿和谐而周全的一部分，而且，还是公众生活与艺术之间日益增强联系的艺术象征。"这种评价，不可谓不高。

　　贝聿铭设计的作品从美国走向世界，甚至可以说遍布全世界。如我国北京西山的香山饭店，也是由他设计的。这座香山脚下的大型国际饭店，集苏州古典园林建筑之精华于一身，美轮美奂，别具一格。1984年的5月，美国在凤凰城举行建筑学会年会，几百名建筑师和业界大咖，从全世界500个候选建筑物中选出13个建筑物授予年度荣誉奖，香山饭店赫然名列榜上。

　　2018年3月，我曾应泰山出版社之邀，到香山饭店签约编撰和研讨"中国风俗图志"丛书，我对这个饭店留下了深刻印象。在大厅里，举目四顾，太多的苏州元素会让人恍若置身苏州园林。从花窗到采光的屋顶，连同地下的铺砖和卵石，都有浓郁的苏式风格和气息。我自然而然会想到颐和园万寿山上的苏州街，那是乾隆皇帝为孝敬他苏州籍的老娘，在皇家园林中复制的一条苏州街。如今，这个童年在苏州得到艺术滋养的建筑设计师的作品当然不可能是为一个皇太后服务的，而是为了让中外游客在北方的山麓领略江南的神韵，为他们带来诗意栖居的享受。我甚至恍惚感觉到，贝聿铭先生的身影仿佛就在饭店大厅的宾客之间，面带笑意。

贝聿铭在国际建筑设计上的巨大成功，使得时任法国总统的密特朗也专门邀请，让贝聿铭出马为法国巴黎拿破仑广场的罗浮宫扩建做设计。起初，拔地而起的金字塔建筑一度遭质疑，吐槽如潮，而后，这个以浪漫和挑剔著称的民族非但反转为全盘接受，而且为之倾倒，堪称奇迹。罗浮宫是世界上最著名的博物馆之一。人们盛赞这位东方苏州籍的设计师：以设计"征服了巴黎"。

这个，值得专门一述。

对于罗浮宫，法国人一直小心翼翼地避免把古迹变成艺术大市场，而贝氏却希望"让人类最杰出的作品给最多的人来欣赏"。他反对将玻璃金字塔与石头金字塔类比，因为后者为死人而建，前者则为活人而造。自认因罗浮宫而读懂了法国历史观的他，并不难从埃菲尔铁塔中读出建筑的命运：建筑完成后要人接受不难，难就难在把它建造起来之前，能得到大众的喜爱。因此，他不惜在罗浮宫前建造了一个足尺模型，邀请6万名巴黎人前往参观，投票表达意见。结果，奇迹发生了，大部分

玻璃金字塔

人转变了原先的文化习惯,同意了这个"为活人建造"的玻璃金字塔设计。

  这座玻璃金字塔,高21米,底宽34米,耸立在庭院中央。它的四个侧面由603块菱形玻璃拼组而成,总平面面积约有1000平方米。塔身总重量为200吨,其中玻璃净重105吨,金属支架有95吨。也就是说,支架的负荷超过了它自身的重量。因此行家们认为,这座玻璃金字塔不仅是体现现代艺术风格的佳作,也是运用现代科学技术的独特尝试。顶着12年的压力,贝聿铭坚持自我设计理念,打造出了如此惊艳的建筑物。法国人民不再指责他,而且称赞玻璃金字塔为"罗浮宫院内飞来了一颗巨大的宝石"。

完成玻璃金字塔的这一年,他也获得了被称为建筑界诺贝尔奖的普利兹克奖。这是1979年由凯悦基金会设立的一项世界性最佳建筑成就荣誉奖,每年颁发一次。贝聿铭老先生是获得此项殊荣的第五人。而他"让人类最杰出的作品给最多的人来欣赏"的愿望,或曰理念,则一直激励着从事设计的人们。

但真正让贝聿铭铭心难忘的,应该是其出山之作——波士顿肯尼迪图书馆。不错,正是这座被誉为美国建筑史上最杰出的作品之一的图书馆,让贝氏打开了自己人生的大书。

1935年,17岁的贝聿铭从上海圣约翰中学毕业,他放弃了直升圣约翰大学的机会,也放弃了父亲为他安排的赴英国攻读经济学以子承父业的道路,而是选择了前

贝聿铭在罗浮宫建筑模型前

往美国学习建筑设计专业。孩童时代埋入心中的种子，不可阻挠地该发芽时就发芽。他以优异的成绩从麻省理工学院毕业，并得到建筑师学会奖章，之后继续攻读哈佛大学研究生学位。由于战乱的原因，他无法学成顺利归国，只好在美国暂留，并在母校哈佛大学执教。

正当学术前途一片光明时，他根据自己的兴趣，自信地重新选择了另一条道路，离开舒适的大学校园，来到韦伯纳普建筑公司当起了建筑研究室主任。贝聿铭不满足于书本上的纸上谈兵，而要在大地上实现"诗意地栖居"的艺术。很快，他的建筑设计赢得业内的关注。人们发现，这个东方人设计的作品，不但智慧、优雅、稳健、从容，而且有一种独到的美学含义，一种与自然和谐相依的大美。

这一年，波士顿肯尼迪图书馆迎面向他走来。

1963年10月，时任美国总统约翰·肯尼迪在母校哈佛大学选定场地，用于建设总统图书馆。不料，一个月之后，肯尼迪遇刺身亡。这一悲剧改变了图书馆建设的原计划，使得该项目成为美国舆论高度关注的公共事件。以肯尼迪遗孀杰奎琳·肯尼迪为首的委员会在全球范围内寻找建筑师，他们列出了一个来自7个国家14人的候选名单。贝聿铭虽名列其中，但极不显眼，名单中的其他几位建筑师都早已功成名就。

然而，杰奎琳最终宣布："所有的候选者都非常优秀，但是贝聿铭喜欢将事物变得更美。他可以觉察出别人无法发现的东西。我不在乎他以前是否有过出色的设计，但是我相信他现在的才能。"除了对美的极致追求，打动杰奎琳的还有一个感性的原因，那就是贝聿铭和肯尼迪是同一年出生的，这成为促使杰奎琳最终选择他的一个"情绪化"的因素。

不得不说，这确实有几分幸运的成分。但是谁又能否认贝聿铭对此做出的充分准备和持续不懈的努力呢？谁又能否认这种偶然中的必然呢？

当时，与贝氏一同竞标并处于压倒性优势的，是芝加哥密斯·范·德·罗的工作室。在此之前，杰奎琳也先去芝加哥拜访过。这位大建筑师正抽着雪茄，踌躇满志，说话不紧不慢，一副淡然处之的神情。而且，大建筑师此时已年近八旬，心气极高且年轻典雅的前总统夫人，能给予其多少印象分呢？估计不会太乐观。

接着，杰奎琳和她的随员在费城又参观了当时名气不小的路易斯·康的工作室。这位童年时代曾被烧伤一半脸的大建筑师，不但"破相"，而且不修边幅，胡子拉碴，办公室也是乱糟糟的。杰奎琳当时面上也许不会表示什么，但心底，很有可能要皱一下眉头吧。

当杰奎琳见到贝聿铭时，他坦诚地对肯尼迪夫人说，自己并不出名，但最好的作品一定会是肯尼迪图书馆。年轻的贝聿铭所展现出的意念，是一种改变世界的决心，这正好符合杰奎琳和大众对新逝的前总统肯尼迪的认知。

后来的故事就有些水到渠成了。那年夏天，正与家人在意大利度假的贝聿铭得知自己成了黑马，一时都不敢相信。消息一出，贝聿铭一下子登上了欧美各大报纸的头版，一夜之间名扬四海。贝聿铭此时有三个儿子，分别取名定中、建中、礼中，幼子贝礼中后来在回忆中说："那时父亲的名字进了报纸上的字谜游戏里，学校的同学们也一下子都知道我是谁了。"

若干年前，苏州园林的狮子林里，一个说粤语的白裤西装领带少年，梳了一个纹丝不乱的"大背头"，冲着相机镜头笑哈哈地搞怪。这帅气纯真的笑，像一个隽永的细节，或许在肯尼迪图书馆中标的背后起着四两拨千斤的作用吧。他真诚坦率，加上银行家后人气质上的沉稳，彬彬有礼，着装上洁净得体，让人一见之下就有被尊重感。而且，工作室布置典雅。据说，有一盆盆栽植物，恰恰是杰奎琳最喜欢的植物，大约会让杰奎琳眼睛一亮而不知不觉会心一笑吧。

狮子林里的少年的影子，在大洋彼岸的美利坚闪现出明亮的魅力。

或许，这个少年还顽皮地撬起阿基米德所说的杠杆，自信地撬起了一个地球仪？

贝聿铭是东方人的相貌，也是东方人的情感思维方

肯尼迪图书馆

式。若干年后,他在祖国北京的香山下,再一次"乾坤大挪移",在北方现代饭店里"作"进江南园林配料,并大获成功。在庆典中他邀请的嘉宾里,就有隔洋的美利坚人——当年扶持支持他的美国前总统遗孀杰奎琳!这还是东方人的情感定式,不忘知遇之恩。

四、封笔之作献故乡

肯尼迪图书馆非凡的中标,使默默无闻的贝聿铭逐渐成为美国建筑界的热门人物,不断有"绣球"相继朝他抛来。肯尼迪图书馆在选址等问题上遭到种种意想不到的挫折,直到十几年后的1979年,才终于在波士顿港口建成。

这个建筑甫一面世,立刻因其新颖的设计理念、大胆的外观造型和高超的处理技术,在建筑界引起轰动。正是这一年,他接受了祖国北京香山饭店设计的邀请。他成竹在胸,将苏州园林的粉墙黛瓦、庭院花窗元素移植进来,形成与北方建筑迥然不同的淡雅风格。这是一座融中国古典建筑艺术、园林艺术、环境艺术为一体的星级酒店。这一年,也就是1979年,美国建筑界宣布为"贝聿铭年"。

充满苏州元素的香山饭店

从20世纪60年代起，贝聿铭活跃于建筑界，他设计的建筑矗立在4个大洲10个国家的土地上，几乎拿遍建筑界所有的世界顶级奖项，被誉为"世界现代建筑最后的大师"。贝聿铭清楚，自己的根在家乡，凡有需要自我介绍处，他必说："我来自中国苏州。"

他在建筑设计中最为人们称道的，是关心平民利益。在纽约、费城、克利夫兰和芝加哥等地，他设计了许多既有建筑美感又经济实用的大众化公寓。他在费城设计的三层社会公寓，很受工薪阶层的欢迎。因此，费城莱斯大学在1963年颁赠他"人民建筑师"的光荣称号。同年，美国建筑学会向他颁发了纽约荣誉奖。《华盛顿邮报》称他的建筑设计是真正为人民服务的都市计划。

身为现代主义建筑大师，贝聿铭的建筑物40余年来始终秉持现代建筑的传统，贝聿铭坚信建筑不是流行风尚，不可能时刻变招取宠，建筑是千秋大业，要对社会和历史负责。他持续地对形式、空间、建材与技术研究探讨，使作品更富有多样性。他从不为自己的设计辩说，从不自己执笔阐释解析作品观念，他认为建筑物本身就是最佳的宣言。

时光如流水，转眼跨入了新世纪。2002年，85岁高龄的贝聿铭决意将封笔之作献给自己的故乡，设计苏州博物馆新馆，这座建筑就在狮子林旁边。贝聿铭说，这座建筑一墙之隔外，能听见狮子林里的笑声。他称这座建筑为"最亲爱的小女儿",并表示,有生之年能有机会为故乡留下这样一个纪念而倍感荣幸。

"我最感兴趣的,一直是公共项目,而我认为最好的公共项目就是博物馆,因为它是一切事物的总结。"贝聿铭曾这样表达他对博物馆的偏爱,他说:"苏州博物馆新馆的建设,比我在国外搞的其他建筑设计要难得多。"

由他设计的博物馆位于苏州古城北部历史保护街区,与拙政园和太平天国忠王府毗邻,设计占地面积15 000平方米,包括拆迁在内,总投资3.38亿元。这座博物馆收藏了2500年历史的苏州城宝物,建筑不仅弥补了古物无高档典雅收藏地之憾,还成了苏州著名的传统而不失现代感的建筑风景、建筑标杆。

在整体布局上,博物馆巧妙地借助水面,因为紧邻拙政园、忠王府而成为拙政园、忠王府建筑风格的延伸和现代版的诠释。屋顶设计的灵感来源于苏州传统的坡顶景观——飞檐翘角与细致入微的建筑细节。然而,新的屋顶又被科技重新诠释,并演变成一种奇妙的几何效果。玻璃屋顶与石屋顶相互映衬,使自然光进入活动区域和博物馆的展区,为参观者提供导向。金属遮阳片和怀旧的木作构架在玻璃屋顶之下被广泛使用,以便控制和过滤进入展区的太阳光线。光线的层次变化,如诗如画,妙不可言。博物馆与拙政园相互借景,相互辉映,

苏州博物馆

已成为一代名园拙政园的现代化延续。参观者认为，游览这座新馆，会产生一种震撼心灵的感受。

苏州博物馆于2003年11月奠基开工，2006年10月6日正式对外开放。

在留有他少年笑声的私家园林狮子林旁，他的封笔之作献给了他的故乡。

叶落归根，他的才情，来自汲取祖国故乡的滋养。他将最凝聚自己心血和爱意的作品，留在故乡。

归来魂兮！

魂兮归来！

五、遗憾与愿望

2019年5月16日,走过102度春秋的贝聿铭,永远告别了他挚爱的世界。

此前,在他百岁生日来临之际,苏州美术馆专门举办了"贝聿铭文献展"。展览分家源、治学、建树、荣誉、祖国、回家6部分,展出百岁贝老一生的成就。

开展当天,贝聿铭的侄子贝念祺特地从美国回到苏州。他介绍,展览中包括几封珍贵的家书,是贝聿铭早年留学美国时与父亲的通信记录,信中详细解释了他为什么没有遵从父亲的愿望学习金融而是选择建筑,以及后来转学的原因。那时他刚刚到美国,每周一封家信成为他和父亲之间的情感维系和作为长子的责任。

贝念祺对媒体说,伯伯身体很好,因为年事高已经很少旅行,因此也无法再回家乡。"上了年纪之后,他更加怀念小时候在苏州的故事。"贝念祺说,"他最遗憾的是,在美国吃不到正宗的苏帮菜,尤其是吃不到新鲜正宗的黄天荡鸡头米。"

虽然身在大洋彼岸,百岁老人贝聿铭始终心系桑梓,情牵故乡,将自然之美、人文气息与建筑完美融合,将对文化的理解和对家乡的情感倾注其间。

"我一直知道我从哪里来。贝家在苏州已经600年了,我与苏州是有感情的。"这是展馆中贝聿铭的一句发自内心的独白。贝念祺也透露,伯伯与人对话中,最常见的是他自豪地告诉对方,他来自中国苏州。

在贝聿铭的自述里,无不透露着他对家乡的怀念与感恩之情。

"我在苏州住了几个夏天,并结识了直系亲属以外的其他家族成员。还记得与堂兄弟们在狮子林玩耍的情景。假山中的山洞、石桥、池塘和瀑布都能带来无穷的幻想。后来才意识到,在苏州的经历让我学到了什么。"他认为那些经验对他的设计是相当有影响的,"它使我意识到人与自然共存的道理,而非自然独存。创意是人类与自然的共同结晶,苏州园林教会了我这一点。"

贝聿铭是一位跨越国界的建筑大师,他不属于任何主义,也不为自己贴任何标签。但他享誉世界的才华和名声让更多人了解了中国文化,为中国文化所折服。

"法国罗浮宫金字塔现在有多受欢迎,当初就受到过多少非议,当时很多法国人认为金字塔造型并不适合法国。"贝聿铭曾在谈起罗浮宫项目时表示,是自己的华裔身份帮了忙,"他们认为中国人是很有文化的"。

贝聿铭在中国度过了吸收知识、文化能力最强的少年时代,因此有一种"中国性",这种基因深深地留在他的身体上,融进他的血脉里,无论如何也很难改变。

这不仅从外貌、行动和谈吐上表现出来，同时也表现在他的思想里、艺术里。贝聿铭曾说过，自己是一个接受了西方教育的建筑师，但血液中流淌的是中国文化，尤其是幼年在苏州、上海生活的经历，对他的建筑设计产生了极大的影响。

他在哈佛的最后一年，师从现代主义建筑学派创始人格罗皮乌斯。导师允许每个学生自由选择课题。贝聿铭想做一个和中国有关的设计，他认为历史和建筑是有着紧密联系的，导师听完后并没有反对，只是回答："好啊，那你证明给我看。"于是，贝聿铭决定设计上海博物馆。当时，所有在建的中国建筑都是新古典主义风格，而他却认为，学院派风格的立柱空间，并不适合中国的小件器物。由于家里多有收藏，也对中国艺术有了解，最后，他设计了一个为中国艺术品量身定做的上海博物馆。而这个有庭院、流水的建筑设计，最终也赢得了导师的认可。1946年设计的上海博物馆，从展览现场展示的效果图来看，和时隔60年之后的苏州博物馆，不无相通之处。

当贝聿铭接手苏州博物馆设计项目时，已年逾85岁。他说，苏博的设计，难就难在"苏州建筑的粉墙黛瓦不要随便放弃，还要有创新，既要有传统特色，又不能是苏州园林的复制"。艺术贵在创新，没有创新就无所谓艺术。流水线上只有产品，而无作品。

自从2006年苏州博物馆完工并顺利开馆后，贝聿铭始终有个愿望，那就是，想在博物馆大门旁静悄悄坐上整整一天，观察进入博物馆的观众对于他这件作品的反应。但不知何故，他最终没能实现这一愿望，从而成了他远行的遗憾。

其实，这个愿望很好理解，那就是从艺术受众中掂量自己作品的成色。而遗憾呢，据说是地方上不舍得高龄的大师辛苦，透出地方对他的拳拳爱意。遗憾也是艺术永远离不开的情愫。不完美才是真美。

但愿走进苏博的人们，能从自己的心灵上感受到一双和善、睿智、温情的眼睛。这个人，在这方土地上，汲取智慧和灵感，一生追逐的，就是给大地带来立体诗篇，并让这些诗篇，走进人们的生活中、心中、梦中。

吴仲华：
以航空梦托起中华腾飞

吴仲华（1917—1992），男，江苏苏州人，汉族，中共党员，麻省理工学院科学博士，中国科学院学部委员，中国科学院学部主席团第一届执行主席。世界著名工程热物理学家，叶轮机械三元流动通用理论的创立者，中国工程热物理学科的创立者，中国科学院工程热物理研究所的奠基人。1940年毕业于西南联大后留校任教。1944年留学美国麻省理工学院，毕业后在美国航空咨询委员会刘易斯喷气推进中心任研究科学家；1950年创立叶轮机械三元流动通用理论；1954年历尽艰辛回国。回国后的38年中，他致力于叶轮机械的研究，发展了三元流动理论，为祖国科技事业做出了卓越贡献。历任清华大学动力机械系教授兼系副主任，中国科学院动力研究室主任、研究员，力学研究所副所长，中国科学院工程热物理研究所所长，中国科学院主席团执行主席、名誉主席，全国人大常委会委员，中国航空学会理事长，中国工程热物理学会理事长，《工程热物理学报》主编等职。

一、沪宁线上背小提琴盒的少年

阅读吴仲华先生的各种材料时,我不断在心中描绘他的形象。是的,有很多他的照片作为参考和依据,能很具象地领略这位伟大科学家的仪表,领略一个家学渊源深厚的学子风采;但没有看到他拉小提琴的照片,而这样的照片,定能让我产生很多很多的联想,这让我深感不满足。

于是,在我对他的想象中,就有他背着小提琴盒往返沪宁铁路线上的少年风采。

1917年7月27日,吴仲华出生于上海一个普通的小康知识分子家庭。其父亲是职员,随和风趣,母亲受过良好教育,知书达礼,思想开明,勤俭持家,二人时常教育子女要勤奋读书,继承老家苏州的吴家传统。兄弟

小提琴

姊妹四人，相处和睦，吴仲华排行第三。在这样的氛围中，吴仲华从小养成了努力学习、做事认真、勤俭节约的习惯和刚正不阿的性格。苏州有几个大户人家，出了很多的读书人，如潘家、顾家、贝家，当然，还有他们吴家。

苏州人是见过大世面的，在当代，在苏州很少看到有谁在网上炫富，晒名牌手表名牌包，更看不到谁开了一辆法拉利、宾利的跑车，就要嘚瑟一番，他们觉得这太浅薄，丢人。苏州人真正引以为荣的，一定是考上什么好学校了，凭自己的本事获得什么大奖了。譬如吴仲华祖上出状元这个事儿，才真正值得骄傲。

话说嘉庆七年（1802年），经过了乡试（全省统考）、会试（全国统考），到了农历四月二十一殿试（皇帝亲自主考），就要产生状元了。简单说一下当时的考试过程。一般的流程是：县试—府试—院试—乡试—会试—殿试。考试者的资格，依次为：童生—生员（秀才）—举人—贡士—进士。会试一般三年开考一次。进士在"全国赴京统考"中产生，能中进士已经是非常了不起了，再经过殿试，由皇帝从中挑选前三名，分别授予状元、榜眼和探花。这天的殿试中，"读卷官"选出10份最佳卷子呈给嘉庆皇帝裁决。嘉庆皇帝御览时，读到来自苏州的进士吴廷琛的卷子，眼睛一亮，遂提笔于卷首书写"第一甲第一名"六个大字，壬戌科状元就此诞生。这也是清朝开国以来的第六十七位状元。这一年，吴廷琛正值而立之年，三十岁。值得一提的是，吴廷琛会试、殿试都是第一，也就是集会元、状元于一身。在中国科举史上，"连中三元"（解元、会元、状元）者寥寥无几，"连中二元"也极少见。嘉庆帝对"连中二元"的吴廷琛极为赞赏，在赐予他的诗中就有"双元独冠三吴彦"之句。

而且，三十年后，吴廷琛的堂侄吴钟骏又一举得中道光十二年（1832年）壬辰科恩科状元，让吴氏成为海内瞩目的"叔侄状元"。

这些家族荣耀，吴仲华当然比谁都清楚。但祖上的荣耀归祖上，能给自己的只能是莫大的激励和鞭策。不像某些拜金的"坑爹"辈，只会挥霍上辈积累的钱财，书香世家的孩子，则从上辈汲取的唯有精神上奋发有为的动力。

吴仲华在上海度过童年和少年，因为苏州有阿爹阿婆，假期当然是要回苏州老家的。苏州的崇文重教民风，也给了他充分的熏陶。他初中读的是上海格致中学。1933年，16岁的吴仲华转入南京金陵大学附属中学（简称金陵中学）高中，直至毕业。往返沪宁铁路上，上海—苏州—南京，南京—苏州—上海，三点连成一线，在长江三角洲的大地上，吴仲华就像在一张强弓上拉弓搭箭，向太平洋射出奋发图强的远大志向。

苏州还是昆曲和评弹的故乡，或许是这种音乐基因的滋养，吴仲华对音乐也很有兴趣。不过他选择学习的不是曲笛、三弦、琵琶等民族乐器，而是西洋乐器中的小提琴。学琴绝非一日之功，必须投入无数功课学习之余的晨昏。刻苦磨砺自己，不做书呆子，用艺术的激情和浪漫融进知识的砥砺求索之中，二者互为放松，互为补充。当时，西方的科学发展水平的确在东方之上，要迎头赶上，就必须"师夷之长技以制夷"。吴仲华功课出类拔萃，小提琴也拉得极佳。1935年，18岁的他抱着"工业救国"的理想，考入清华大学机械工程系。而且，他还是清华大学乐队的首席小提琴手。这个首席是什么意思？就是说，独奏由他来演奏，合奏时，身边众多的小提琴手节奏和感情处理要跟随指挥，但弓法的推拉上，余光要瞄准首席，保持一致。

2012年10月，时任金陵中学校长的邹正在向全校师生推荐他们杰出校友吴仲华的讲话中指出：在二战后近70年的当今世界上，能够在尖端高新技术产业的基础理论上做出奠基性贡献的中国人，至今还只有吴仲华先生一人。他的依据是，在中国，能够与吴仲华在技术科学理论的贡献上成就相当的，是钱学森先生的重要工程方法论著作《论系统工程》。

这就是首席！沪宁线上背小提琴盒的少年，盒中潜伏的旋律，在几十年后的全球奏响。

在大学一年级的清华园中，这位首席小提琴手认识了李敏华。二人都来自上海，且都会说苏州话，一口亲切的吴侬软语加上共同的奋斗目标以及对摄影和音乐的共同爱好，使他们成为好友、知音、终身伴侣。

二、"大江歌罢掉头东"

在清华园中的机械工程系求学不到两年，1937年卢沟桥事变爆发，日寇的枪声击碎了"卢沟晓月"，也惊

吴仲华塑像

醒了他在知识海洋的畅游之梦。辽阔的燕赵大地，居然放不下一张平静的书桌，清华大学、北京大学、南开大学等校迁至湖南长沙组成临时大学，吴仲华随校南迁。为了参加抗日报国，吴仲华和他机械工程系的大部分同学都进入该校，而且，他不再是专攻理论，还练就了一手驾驶和修理技术，能开卡车和装甲车，也会及时动手维修和处理故障。一年多后毕业，他到机械化部队参加短期服役，抱着一腔热望，准备上前线与敌人展开生死搏斗。但该部队并不直接上战场，或者说政府不舍得这帮高才生到血与火的前线拼命，祖国需要他们薪火相传，保存实力。作为一个热血爱国青年，他当时还是深感失望。临时大学再度南迁到云南昆明，成立西南联合大学，吴仲华于1939年回到西南联大继续学习，1940年毕业，留校任教。

苏州同乡李敏华的轨迹几乎与其完全相同，毕业留校任教。这些年共同的奔波中，他们彼此增进了解，加深了感情。尤其在长沙的攻防战斗中，我空军向敌人的指挥舰发起反击，但由于飞机性能差，投弹数次都未能准确命中，最后，飞行员英勇驾机直接撞向敌舰，与敌人同归于尽，这件事对李敏华影响非常大。她立志要改变专业，由化学转向航空工程系，立志用自己的聪明才智，造出性能优良的飞机，保卫家园。这样的决定，她当然会与吴仲华商量，听取吴仲华的意见。吴仲华是全力支持的。而且，就是在这样的抉择中，他更加敬重这位外表美丽文静而内心却有火山岩浆般炽热爱国情的同乡。共同的志向，让他们的心贴得更近。

1943年，在云贵高原的异乡，一对年轻的苏州籍同年学子，怀着对未来美好的憧憬，携手走进了婚姻的殿堂。

正如青年周恩来抒发志向的诗篇所唱："大江歌罢掉头东，邃密群科济世穷。面壁十年图破壁，难酬蹈海亦英雄。"首起一句"大江歌罢掉头东"，以雄伟的气势表达了年轻周恩来负笈东渡寻求真理的决心。吴仲华与李敏华结婚后，他们又在昆明考取清华庚款留学生。1944年，他们一起途经印度赴美，同时在麻省理工学院研究生院学习。像长江三角洲那支矢志不移的"箭"，像长江向东奔流不息，越过日本，越过太平洋的国际日期变更线，踏足北美大陆。一腔求变图强的主旋律不变，向东！向东！向东！

到美国后，吴仲华原想就读农业机械专业，他的专业就是机械，可以保证连贯性，而且，中国农业落后，学成归国扶助祖国的农业机械，大有可为。但是，当时麻省理工学院并不招收农业机械专业研究生，不得已，只好临时改变专业，改为内燃机专业。

改变一个专业是非常不容易的，尤其是理工科，没有本科阶段的底子而要向更高级阶段冲刺，更加困难。首先要补上应有的专业知识。于是，他以比同行多数倍的勤奋，从山脚开始，与从"山腰"出发的人比赛向峰顶攀登！仅仅花费了3年时间，1947年，他便以优异成绩获得美国麻省理工学院授予的学位，不过不是硕士，而是科学博士学位！经系主任推荐，吴仲华任美国国家航空咨询委员会刘易斯喷气推进中心研究科学家，从事航空发动机基础理论研究。

吴仲华原有志于传热研究，如叶片冷却等。但是，他加盟的刘易斯实验室希望他再一次改变研究方向，变为从事叶轮机械流动研究。那就再一次华丽转身好了！

"书山有路勤为径，学海无涯苦作舟。"世上无难事，只怕肯吃苦的人！吴仲华就像拉小提琴变换了一个调式，肩胛夹住心爱的琴，用娴熟的指法，以弓法的绚丽技巧，满弓快弓跳弓，更以他吴家传统的执着，改弦易辙转而投入叶轮机械流动研究领域。经过两年多的拼搏，1950年，他发表了第一篇论文《径向平衡条件对轴流式压气机和透平设计的应用》。同年，他又陆续发表了一系列论文，正式创立了国际公认的叶轮机械三元流动通用理论——叶轮机械吴氏通用理论。到了20世纪90年代，美国机械工程师学会国际燃气轮机学术大会评论道：在20世纪50年代初期，国际叶轮机械界发生了两件大事——计算机的发明和叶轮机械吴氏通用理论的创立，大大促进了叶轮机械的发展。这是两件事，却又密切相关，是吴仲华教授开创了叶轮机械三元流动数值仿真的先河，从此，叶轮机械得到蓬勃发展。

这个首创于1950年的叶轮机械三元流动理论，至今已经过去了70多年，却仍然是世界航空发动机界遵循的经典设计理论。这一理论依然保持着高度的技术与经济价值，对于世界航空强国依然有着不可替代的重要意义。

吴仲华以其非凡的智慧和勇气，创建了跨越了70多年，世界制造技术理论最前沿、制造技术工程最尖端、制造最困难的产品——叶轮三元流动理论，一种尖端技术领域的奠基性理论，航空发动机的基础技术设计理论。在世界的制造工业技术史上，这无疑是一个中国人创造的十分罕见的常青树奇迹。

这位昆曲和评弹之乡的学子，以东方的音乐语汇和才思，结合四方的器乐，奏出了波澜壮阔的凯歌。

这一年，吴仲华只有33岁。

三、万水千山难阻报国志

朝鲜战争爆发后，中国人民志愿军百万大军"雄赳赳，气昂昂，跨过鸭绿江"，与英雄的朝鲜人民并肩作战。朝鲜半岛上中国与美国成了敌对国，吴仲华夫妇如此爱国的青年科学家，怎么可能再为美国军方服务呢？这是绝对不可能的事！1950年11月27日，在联合国会议厅，当得知中国代表伍修权到联合国做报告，吴仲华专程前去旁听。这是来自大洋彼岸的故国的声音,没有一个字说道吴仲华夫妇应该怎么样,但在吴仲华听来,却全都是祖国的召唤。回家与夫人一合计,青春的热血迅速在他们的胸膛奔涌,似乎是一秒都不肯耽搁了,一颗思念故园之心,又箭一般飞越茫茫海洋——归心似箭!回国!回国!学成归来报效祖国!

这之前,在吴仲华以优异成绩获科学博士学位一年后,李敏华以非凡的毅力,以两个孩子母亲的身份,也成为麻省理工航空系第一位女性工程博士。毕业后,为了取得科研工作的经验,他们两人先后应聘到美国国家航空咨询委员会刘易斯喷气推进中心任研究科学家。由于他们夫妇没有加入美国国籍,作为外国人在那里工作,要经过美国国会批准,当年仅有四名外国人获准,他们夫妇就在其中,因为他们的业务太优秀!他们获得的生活待遇也非常优厚。

但是,第一次在国际舞台上听到了新中国代表的声音,吴仲华夫妇一刻也不能停留,要回国,为此他们辞去了在刘易斯喷气推进中心的工作,转入纽约布鲁克林理工学院机械系任教授。1954年8月1日,趁星期日纽约机场的移民局办事处照例关门之机,全家(夫妻二人和两个孩子)离开美国,以赴欧洲旅游为名,取道英国、瑞士、奥地利、捷克斯洛伐克和苏联,绕过了大半个地球,1954年底,终于踏上睽违已久的国土,回到了北京。

——这就是祖国，五千年的文明史，光耀全球的祖国。

——这就是故乡，顺着大运河南下，过了长江和太湖，就是"莼鲈之思"的姑苏故乡。

——这就是母校，两个南方学子，怀着为中华之崛起而读书的初心在此相遇。他们又凭一缕美妙的小提琴旋律而成为知音、伴侣，经过了南迁，经印度赴美利坚。十几年的曲折时空，泯灭不了他们对母校的爱恋！

清华大学、北京航空学院都聘请吴仲华任教，最后他应了他的老师、清华副校长刘仙洲教授的邀请，到清华大学动力系任教授、副主任。1956年，他在清华大学创建了全国第一个燃气轮机专业，任教研室主任。同年又与中国科学院合作，创建了中国科学院动力研究室，任研究员、主任，加强了教学与科研的结合。动力研究室研究方向是燃气轮机（包括航空发动机）、冲压发动机（应用于导弹等）、内燃机。

吴仲华一贯重视人才培养，亲自制订教学计划、上课、编写讲义；他强调基础理论教育，要求学生除了加强数学、力学学习之外，更要学好工程热力学、流体力学、传热传质学、燃烧学等专业基础课。他要求青年教师、科研人员和学生一起听课，上习题课，交作业。他重视实验室建设，亲自兼任实验室主任，建立了包括叶栅风洞、小型燃气轮机等实验装置。他举办训练班，派送退伍军人、工人到航空发动机工厂培训，培养了一批实验技术人员，从而组建了全面合理配套的科研队伍。

　　清华大学燃气轮机专业第一届毕业生的毕业设计课题是真刀真枪的海军舰用燃气轮机，其成果成为研制成功以后的机组前身。1957年，吴仲华从动力研究室派出了一批科研人员赴苏联、捷克留学，这些人员逐渐成长为中国工程热物理学科的科研骨干及中国宇航科研的领头人。

　　1957年，吴仲华当选中国科学院学部委员，他积极参加全国科学发展规划的制定。他倡议建立动力工程的基础学科——工程热物理学科，得到众多同人的赞同。同年，新中国第一次颁发国家自然科学奖，他以"燃气轮机的研究"荣获二等奖，内容包括：燃气轮机发展、中心流线法、燃气热力性质表等。1958年，中国科技大学成立，他兼任物理热工系（设3个专业）主任，并创建了工程热物理专业。

　　吴夫人李敏华教授专长于弹塑性力学，进入中国科学院力学所工作。

　　这里，摘录几句李敏华教授写给吴仲华教授的私信，虽然当时已经是不惑之年，但当年被人称为"金童玉女"的一对科学家，依然感情那么浓烈，那么甜美，让人羡慕之下肃然起敬！

　　华，Darling：

　　　　接到你托大使馆带来的信，知道你要在这月底或下月初才回来,非常失望,本来以为最迟这月底会到家了,盼望你能争取这月底回家。

在外面讲话请小心一些,实际我们是很爱国,同时,也很拥护党的,但讲话太随便,容易引起别人误会。

我觉得你来信老是提起买东西,请不要为这些事多花时间,你常说你很宝贝我,那么最宝贝我的表现就是保重身体,多多休息,并争取早日回家。

……盼望你能收到这信,并盼望你早早回家,在路上一切要自己小心,你们现在的生活又没有规律,真使我不放心。华,为我千万小心保重,多多休息。小明已快比我高了,快回来给我们照相。

你的华
(1957年)3月15日

他们爱科学、在科学上不朽的建树值得我们敬仰;同样,他们爱生活、爱家人的情怀和浪漫,他们的率真和高贵的品格,也值得我们羡慕。

四、他使得外国科学家集体起立向中国致敬

天空从来就不可能永远是丽日蓝天,肯定难免有阴雨,有雷电,还有霜雪。

这里有一个无须规避的伤痕故事。

伟大的中国科学家吴仲华，在他33岁创立的叶轮三元流动理论，西方国家利用这个理论开发了喷气涡轮风扇发动机。直到今天，可以毫不夸张地说，国际上最先进的航空发动机，发电用燃气轮机、蒸汽轮机，仍然是根据这个原理设计的，这些最伟大的发明都凝结着他的智慧！中科院院士徐建中曾说："国际上著名的飞机，像波音、空客等飞机的发动机，都用了吴仲华的理论。"因此，他被赞誉为"斯贝发动机之父"。

据说，邓小平同志20世纪70年代到英国引进罗尔斯·罗伊斯发动机生产的时候，英国同意向我国出售斯贝发动机的制造技术。邓小平同志感谢英国对中国的支持。结果，英国的科学家和工程师全体站立。为什么？他们说，这是向中国致敬。在场的中国人不解其中的缘由。英国人解释道：这项技术的基础理论的发明者，是你们中国人，还在世，并不老。小平同志回国后，要求立刻找到这个人，才知道，这个人此时正在"五七"干校农场劳动。具体点说，这个劳动是养猪。

这个人，就是吴仲华。

曾经犹豫过要不要写吴仲华的这些遭遇，对下一代讲我们的科学家前辈遭受不公正待遇，会不会在他们心灵中引起不适，或者误会？但想想就笑自己杞人忧天了。有什么不可以写的？有错必纠，承认和正视自己的错误，这就是了不起的勇气。

再说，小平同志自己不也是"几起几落"、遭受不公正待遇吗？但他从不放在心上，照样爱自己的祖国自己的人民，照样成为改革开放的总设计师。

让我们的下一代从这些波折中，懂得"不折腾"的可贵，懂得"绿水青山就是金山银山"的道理，懂得"和而不同""美美与共"的多元选择，就是化解"负能量"为"正能量"。

刚回国的吴仲华，即遇上1958年全国兴起"插红旗，拔白旗"运动，吴仲华坚持实事求是，直言不讳，认为"大跃进"中某些做法不符合科学精神。自然，他被批为保守落后，思想右倾；他强调基础，被批为理论脱离实际；要学生努力学习，被批为白专道路；等等。由此他受到了大字报批判，成为当时清华大学两面"大白旗"之一，受尽人格和肉体的摧残。

1959年清华大学党委领导正式为他平反。1960年，动力研究室与科学院力学研究所合并，吴仲华任力学所副所长，部分研究骨干被调往火箭研究基地，内燃机研究人员被调往上海，航空研究力量减弱。当时中国航空工业，主要依赖苏联提供的米格飞机图纸生产，苏联不提供设计资料，不让进行科研、实验，航空发动机科研受到冷落。

20世纪60年代初，国民经济恢复，结合当时歼八发动机投入生产，装备部队，吴仲华领导的几个研究室与航空部有关研究所建立了全面合作关系，开展歼八发动机摸底、改型研究。正当科研工作开展之时，1964年又在这几个研究室开展了四清运动，吴仲华作为领头人自然是首当其冲。运动结束后，大批研究人员下乡，去山西洪洞县参加四清工作队，前后两期三年整，等到回来，1966年又遇上"文革"冲击，科研工作全面停滞，航空发动机的研究刚起步就夭折了。

"文革"中作为学术权威，吴仲华自然受到不少批判，幸运的是由于周总理亲自过问科学院的大批判运动，吴仲华受到的人身冲击相对少些。当时管理部队来自空军，明白航空科研的重要，将吴仲华只是象征性地在办公室隔离了几天。他也被抄家，一个工人无故打了他，事后，这个工人十分内疚，找到他赔礼道歉，但他本人早忘了。相对于肉体的痛苦，他最难以忍受的，是科研工作完全停顿了。

多次冲击并没有动摇他对祖国的热爱，也没有影响他对共产党的信念。1980年，吴仲华加入中国共产党，其后，李敏华也入了党。

1971年，他恢复工作后身体力行，积极在全国推广叶轮机械三元流动理论，他不顾当时被诬为"与工农兵上讲台唱对台戏"的危险，在中国科大举行了全国性的三元流动理论讲习班，自己上台讲课。"文革"后，又举办了一次，有国内近百位高级专家、教授参加，他还是登讲台讲课。他将刚发展的应用任意非正交曲线坐标系统的叶轮机械三元流动理论计算程序包，全部无私地提供给国内研究所、工厂、高校等，但在与国外合作时，则坚决保密。当时，美国空军的发动机主设计师想到他这里考察中国航空发动机设计方法，他拒绝了。

他长期去沈阳、西安航空发动机工厂工作，进行发动机改型设计、试验。他讲解三元流动理论，改型设计方法，为工厂、研究所培养了一批人才。他去工厂就住招待所，四人一间，吃食堂，唯一的"特殊"就是自己带了一瓶酱菜。他和技术人员、工人都建立了非常好的关系，因当时沈阳主副食供应不好，每次去沈阳，他都要为同事们带肉、挂面等，装满一吉普车。1976年唐山大地震，大家都住在操场的地震棚，而他却坚持在三楼办公室工作，不惧地震可能招致的楼房倒塌。大家劝他下楼，他不听，说："年龄大了，不怕了！"其时，他还不到60岁，他要抓紧时间工作，因为损失的工作时间实在太多。难得的工作机会对他来讲实在太宝贵了，个人生命早已置之度外了。

这就是吴仲华，一个分得清小我和大我的科学家。

在中国科学史和世界科学史上，一定有这位科学家的一席之地！

五、鞠躬尽瘁，死而后已

吴仲华重返工作岗位后，亲自带领了一个调研小组，从东北到西北、西南、中南，调研了航空发动机工厂、研究所等，得出结论：中国需要发展航空发动机，有关部门需要科研合作。最终确定在中国科学院力学所内组织力量，航空发动机科研重新上马。

周总理接见他的照片一直放在他的办公桌上，周总理勉励他们夫妇多为祖国科研事业做贡献，他永远不会忘记。国家领导人也没有忘记他。"文革"结束后，王震副主席主持国防工业，尊重科学，尊重人才，礼贤下士，聘请他当顾问，邀请他一起视察中国航空工业，待为上宾。见他骑自行车上班和外出，亲自从第三机械工业部给他安排了专车。

1978年，在吴仲华等建议下，国家科委成立了工程热物理学科组，吴仲华任组长，领导制订全国工程热物理学科发展规划。成立燃气轮机专业组，吴仲华任副组长。中国要发展燃气轮机，适应国防、国民经济发展需要。同年，他创建了中国工程热物理学会，任第一任理事长。后又创办了《工程热物理学报》，任主编，从此，工程热物理学科有了全国性的学术交流场所和平台。

1980年，中国科学院成立了工程热物理研究所，吴仲华任第一任所长。本来1963年就批准成立工程热物理研究所，因为四清运动、"文革"等整整耽搁了17年！在工程热物理研究所，他先后组建了一批先进的实验设备。为了建压气机实验室，王震副主席调派来了工程兵给予支援。建成后，国际专家参观时，都认为该实验室是国际一流的。1980年，他应邀为中央书记处讲课，提出总能系统、合理梯级利用能源、发展燃气蒸汽联合循环等。事后证明，这些意见都是正确的，对能源合理利用具有指导性意义。他还为空军司令部讲解航空发动机的发展，让空军指战员都懂得飞机的原理，能够形成"机人合一"境界，提升空军战斗力。

由于贡献杰出，他于1957年、1982年两次荣获国家自然科学奖二等奖。1975年获中国科学院重大成果奖，1987年获中国机械工程学会金奖。1981—1992年任中国科学院主席团执行主席，1992年4月起任名誉主席。1963—1968年任第三届全国政协委员。1983—1988、1988—1992年任第六届、第七届全国人大常委会委员。他还曾任中国机械工程学会、航空学会、力学学会副理事长等。的确，科学春天又一次来临，这是吴仲华回国以来工作最辉煌的时刻。

1979年，吴仲华率领一个由中国科学院、航空部、第八机械工业部等人员组成的9人代表团访问美国，这是他回归祖国后第一次重访美国。美国机械工程师学会燃气轮机大会会议主席在几千人的大会上专门提到了吴仲华教授，并表示欢迎。在这次国际吸气式发动机大会上中国代表发表了论文，国外代表认为，吴仲华主持的叶轮机械设计方法是国际先进的设计方法。美国政府、有关工厂等都十分重视他的访问，美国空军专门派了一个5人小组关注他的访问，并搜集情报，连中国人爱吃鸡、花生等，他们都做好了安排。当然，他们还漏掉了一点，那就是吴教授还喜欢吃中国产的酱菜。

因年龄缘故，1987年6月吴仲华退为名誉所长。年底，他患了肝癌，上下震动。1988年初转往上海治疗，由肝胆专家吴孟超教授亲自手术，手术很成功。术后养病期间，他仍念念不忘科研工作，病房成了他的办公室。吴仲华在病房内不断地给各方写报告，倡议在国内开展燃气蒸汽联合循环等总能系统的研究。

患病并没有降低他的工作效率。1990年，他应邀赴美国讲学4个月，系统地讲解了叶轮机械三元流动理论，由美国宇航局录像，出版的专著作为他们的培训教材。他还访问了国际著名的航空发动机研究所——比利时的冯·卡门研究所。

非常不幸，病魔转移到肺部，吴仲华一方面积极配合治疗，一方面与病魔抗争，顽强工作。

他的最后一部著作于1993年出版，为美国宇航局NASA报告，共244页，留下了他讲课的全部录像，离他1950年的传世巨作"NACA TN 2604"（共70页）相隔

43年。

　　吴仲华将自己的一生奉献给了他热爱的工程热物理事业，在他看来，工作和事业比自己的生命还重要。在患肝癌后的4年多时间里，他最关注的不是治疗和休养，而是祖国的能源动力技术发展。吴仲华在1992年去世，享年76岁。中科院工程热物理研究所研究员林汝谋回忆说："就在病逝前五天左右，吴先生已经非常虚弱了，一个病人，一个老人，在病危的情况下还在写一份IGCC（整体煤气化联合循环发电系统）的关键性报告，好几万字，我当时眼泪都要下来了。"

　　这就是一个以自己的航空梦托起中华腾飞的科学家的生命轨迹，像一颗流星，在生命的最后时刻，也要燃烧自己，成为天穹的一道亮丽弧线。

李敏华:
击败所有须眉同窗的东方女性

李敏华(1917—2013),固体力学家,中科院院士。1917年出生于江苏苏州。1940年毕业于清华大学航空工程学系。1945年和1948年先后获得美国麻省理工学院硕士学位和博士学位。1949—1951年在美国刘易斯发动机研究中心任研究科学家,1952—1954年在美国布鲁克林理工学院机械系任研究教授。1954年回国,先后在中国科学院数学研究所力学室及中国科学院力学研究所任研究员,曾任力学所固体力学研究室主任。中国塑性力学的开拓者,在塑性问题的解析方法、结构强度、疲劳失效机制等方面做出了重要贡献,并培养了一批优秀的力学人才。1956年获国家自然科学奖三等奖,1978年获中国科学院重大成果奖。曾任中国力学学会常务理事、副秘书长,航空学会常务理事,《力学学报》《航空学报》和《固体力学学报》编委。先后当选第三届全国人大代表,第六届、第七届全国政协委员。

一、外侮的烽火，让一个爱国少女自尊自强

"1917年11月2日，李敏华出生于苏州。"履历表上一般都这么填写。如果有的地方介绍为"江苏吴县"，那也不错。吴县作为一个县，地处江苏东南部，东接昆山，南邻吴江，西靠太湖，北部与常熟接壤。1990年，全县人口121.1万，面积3175平方千米。吴县商末属"勾吴"国。周时，境内先后成为吴、越、楚三诸侯国辖地。从公元前221年，秦始皇统一中国，实行郡县制，建立吴县算起，有两千多年历史。从秦朝至1995年，吴县一直为行政区划名。苏州作为地名，直到隋朝才开始出现。所以，从地名的历史来说，吴县的历史比苏州的历史要早很多。

当年的校名"振华女学校"，由蔡元培题字

吴县作为行政区划的最后几年，与苏州的地形关系，可以将苏州市看作一个鸡蛋的蛋黄，吴县则是这个鸡蛋的蛋白。吴县是苏州市的下属县，却完全包裹着苏州市。吴县撤县建市为吴县市，与当时的张家港市、常熟市、吴江市、昆山市、太仓市，均为苏州市下辖的县级市。1995年，吴县市拆分为苏州市的两个区，分别是吴中区和相城区。至此，吴县就成了历史上的地名。所以，李敏华的履历表上出现苏州或吴县，都是正确的。

李敏华的母亲朱惠石，就读于清末杭州女子师范。据资料记载，李母思想比较开明，支持李敏华姐妹自小读书。即便资料不多，单从这一点的记载看，李敏华家中的读书氛围非常难得。那个时代，有这样一个开明的母亲，真的是太幸福了，这足以决定其晚辈的人生旅途，能走得很远很远。

李敏华是1925年到上海读书的。到上海不久，便发生了五卅惨案，她从校园里开始，就感受到了时代的脉搏。

李敏华幼年时曾在苏州城内的振华附小读书，与著名科学家何泽慧和李政道等，都是振华校友。她幼年时在苏州读书的时间不长，记忆可能也不太深刻，后随家人迁居上海读小学和中学。1935年，18岁的她从务本女中毕业后，考入清华大学。

就这个问题，我还专门请教过江苏省苏州市第十中学（前身为振华女校）校长柳袁照，他肯定地告诉我，李敏华的确是振华校友。他还专门到上海李敏华家中拜望过她，李敏华对在苏州故乡读小学还有印象，连连赞叹，故乡非常美。

李敏华印象深刻以至终生难忘的，是在上海务本女中三年级时。她在自传中这样写道：当我在初中三年级的时候，九一八事变发生。我记得很清楚，这消息传来是在晚上自修课的时候，那时我们年纪较小，大家禁不住在各级的教室里哭了起来。我们非常愤恨，政府居然毫不抵抗地撤出整个东北。这时，曹一华先生走进教室，他用很响、很严肃而气愤的口吻说："你们哭什么！哭又有什么用！你们应当用行动表示。"之后，他还继续讲了一些，说我们应当采取行动，应当向政府抗议，应当要求政府抗日。第二天，学校在礼堂外的操场召开了全体（中小学）大会，校长给我们做了很长的演讲。她说，我们应当向政府要求抗日，同时要排除日货及洋货，要训练自己来参加武装斗争。我和同学们参加了上海的学生运动，包括罢课、游行、示威和分组出发宣传抗日及排除日货等工作。同时，学校开始了军事训练，开了抗日运动展览会，将学生制服改用国产土布……在高中，我们参观了在上海的工厂，如制钙厂、酒精厂、味精厂、纺织厂等。那时，排除日货外货的情绪很高，所以我希望学习工业化学，这样将来可以直接参加生产工作。我和一位姓林的同学，决定学工业化学。我们觉得为了好好地充实自己，当先念化学，再转化工。

从这段朴实无华的记述中，我们看到一个14岁女孩的爱国激情。1931年发生的九一八事变，是日本在中国东北蓄意制造并发动的一场侵华战争，是日本帝国主义侵华的开端。就此，也在一个中国少女的心中埋下了自强的种子。

我在看这些资料时，对那群闻知强寇入侵家园而在教室里情不自禁哭起来的女孩，印象深刻，不知不觉，自己也忍不住喉头一阵阵哽咽。请看，李敏华的老师曹一华先生，用严肃而悲愤的口气激励学生：哭又有什么用！你们应当用行动表示！紧接着，女校长在礼堂外的露天大操场上鼓动她的学生们，要用行动爱护自己的祖国，向政府请愿，同时，罢课游行示威，坚决抵制洋货，用国货。

我还从曹一华先生"哭又有什么用"的话中听出，一定要用自己的本领来爱国，来与敌寇拼命！这样的老师，真是好老师！这样的好老师教育的学生，自然也是好学生！

苦难屈辱，让这位李姓少女扬起生命的征帆，用自己的聪"敏"，来爱护自己的中"华"！她以优异的成绩考上清华大学，就是迈出了实实在在的一大步。

二、同胞的壮举，奠定其努力的方向

从上海到了北京，在清华园中，她的大学初期，又有一系列事件影响到她的思想。那时，日本制造的事端愈来愈多，无不激发各地的学生运动，北京高校的师生更是冲在最前列。李敏华在清华大学念书时，自然而然汇入"一二·九"以及其他多次游行示威运动洪流。当时的各种情景，像冲击西便门，前门开枪后再集合，追悼郭清罹难，追悼郭清游行后持有机枪的军警殴打手无寸铁的同学，加上同学被捕，警察及带大刀的宪兵闯入学校捕人，等等，一幕幕刻入李敏华心中。这一方面是日本帝国主义要灭亡我们的民族，另一方面说明当时政府的腐败无能。

民心不可侮！这个时期的学生爱国运动，是中国学生运动史最辉煌的一页，他们不怕流血牺牲，"我以我血荐轩辕"，他们为唤醒民众，冲锋陷阵，视死如归，可歌可泣！

由于日本帝国主义发动全面侵华战争，敌寇气焰嚣张，为保存中华民族教育精华和实力，华北及沿海许多大城市的高等学校纷纷内迁。抗日战争期间，迁入云南的高校有10余所。国立北京大学、国立清华大学、私立南开大学到长沙组成国立长沙临时大学，后又西迁至昆明，改称国立西南联合大学。这群民族科教精英中，就有年轻的李敏华。

西南联大,是中国高校史上最悲壮而崇高亮丽的一笔,永远彪炳青史。这里的教师,名家大家汇集,俊采星驰,照亮中国教育文化史的夜空。

学生也同样是最优秀的学生。李敏华到昆明后,学校开办了航空工程学系,生源由机械系的学生转入。李敏华初入清华门,考的是化学系,在抗战期间看到空军的重要,深感航空工程的需要,因此和其他的九位同学一同转入新办的航空工程系。

改变所学专业,当今高校里也有。但李敏华的改变专业,却带有时代的印记,带有一个热血少女报效祖国的凌云之志。

这里有一个血与火的事件。当时,日本侵略军正疯狂进攻全中国。在长沙的攻防战斗中,我空军向敌人的指挥舰发起反击,但由于飞机性能差,投弹数次都未能准确命中,最后,飞行员英勇驾机直接撞向敌舰,与敌人同归于尽。这次空战的报道,对李敏华影响非常大。作为一名爱国大学生,前方将士浴血奋战,却因为武器不如人,要牺牲自己的性命,这在一个女大学生的胸膛中激起巨大的浪潮。她当即改变专业,由化学而转向航空工程系。立志用自己的聪明才智,托举中国的飞天梦想,造出属于自己的性能优秀的飞机,保卫家园。

这里也要说一个当代苏州的故事。

2018年1月17日,李敏华的故乡苏州古城中心,在苏州大公园的浓荫深处,矗立起一座纪念碑——肖特纪念碑,这里见证着一个义薄云天的故事。当年,日本侵略军进攻中国,有正义感的美国飞行员罗伯特·肖特不远万里来到中国,支援中国人民的抗日战争。他在1932年与日本空军的战斗中,驾机击落敌寇的飞机,但随后自己也在战斗中英勇牺牲。牺牲的地点,在苏州独墅湖附近。苏州人民为了纪念这位抗战的异国英雄,曾在他飞机坠毁地附近建立纪念碑。如今的英雄纪念碑属于重建,市民可以在优美宁静的大公园瞻仰缅怀这位国际战士的义举,树立英雄主义情怀和正义感。

值得一提的是,苏州大公园再立肖特纪念碑,源于一封来自苏州平直实验小学的小学生投书建议。2014年9月1日,罗伯特·肖特入选民政部第一批著名抗日英烈。2015年底,平直实验小学少先队大队委发起"重建肖特纪念碑"的号召,当时,6名少先队员写了一封关于重建苏州公园肖特纪念碑的倡议信,寄给了市政府。这一倡议得到了市委市政府的大力支持,市政府如此回复:"支持同学们的宝贵意见。"于是,纪念碑得以顺利落成。

正因为倡议来自孩子,这座英雄纪念碑从一开始就注定与童子心灵紧密相连——这里凝聚着苏州孩子的目光、见解和情义。

这与当年那个进入清华后奋发图强改变专业的苏州

籍女生的作为，是否有内在的联系呢？

苏州是江南水乡，有小桥流水，有园林丝绸，有昆曲评弹，有古塔深宅，似乎是一个文雅温柔之乡，人皆为谦谦君子。但请不要忘了，《古文观止》的压卷之作，即明人张溥所写的《五人墓碑记》，记述了苏州市民敢于向恶势力斗争的英勇事迹，让人一读难忘。"然五人之当刑也，意气扬扬，呼中丞之名而詈之，谈笑以死。断头置城上，颜色不少变。"以至于后人为他们合葬立碑，"凡四方之士，无有不过而拜且泣者，斯固百世之遇也"。苏州人有谦和儒雅的一面，也有慷慨刚烈

肖特纪念碑

的一面。

三、麻省理工学院第一位工科女博士

1940年，李敏华大学毕业后留在航空工程学系任教。1944年，她与丈夫吴仲华一起赴美留学，就读于麻省理工学院，并先后在1945年和1948年获得了硕士和博士学位，论文分别是《用散射光弹解轴扭转》和《亚谐振动的解法》。

说起李敏华异域求学的过程，也是充满了艰辛。在许多人的印象中，美国的社会制度似乎非常民主，非常开放，不存在种族歧视和性别歧视，其实，这都是表面现象，事实上远不是那么回事。起码，李敏华与丈夫一起到美国求学时，那时的美国对妇女还很歧视，她在选读博士时，麻省理工学院机械系负责本科的教授就说："我不能看到机械系有女博士。"坚决将其排除在求学者行列之外。幸好负责研究生工作的苏特勃教授支持她，多方努力下，"曲线救国"的她终于如愿以偿。李敏华的丈夫就是上文的吴仲华，他也是苏州人。吴仲华先生是著名的热物理学家，中国科学院院士。他们志同道合，于1943年结成伉俪，在57年的共同生活、工作中，他们相亲相爱，荣辱与共。两人由同乡同学成夫妻，并成了中国科学院的夫妻院士，被传为佳话。

20世纪40年代,李敏华与丈夫摄于麻省理工学院

他们赴美后,有了两个孩子。没有老人帮忙看管孩子,只能是他们自己照看。在这里,苏州人细心耐心的个性展露无遗。丈夫吴仲华为了支持李敏华学习,主动承担了大量家务,但他自己的课业也极其紧张,于是,他们俩只能轮流上课。幸亏他们的住处靠近学校的大礼堂,每到下课铃声响起时,两人就赶紧换班,各就各位,分别迅速奔向教室和家中。

这在中外求学史上,恐怕是不多见的吧?从教室到家中宿舍,一边是课业,一边是孩子,他们俩像太阳和月亮一样默契,月亮落下时,太阳刚刚升起。

或者,可以将两个孩子当成他们接力赛的接力棒,彼此交接,完成共同的胜利。

他们自己当然是低调行事,默默地互相扶持,互相配合,矢志不移追求自己的理想。苦在其中,也乐在其中。一声轻轻的鼓励"辛苦了",疲劳顷刻消失。或者,根本无须语言,彼此一个会心的眼神,也能无声胜有声。

在这所世界有名的高校中,大家忙着各自的事儿,但也不排除偶尔有人窥探到这对中国留学生的轨迹。几十年后,当时一位资深教授回忆起当年,深有感触地说:"一个小个子女孩,打败了所有男孩!"这个小女孩就是李敏华,因为她的工程热力学课程成绩为全班最好。1947年吴仲华以优异成绩获科学博士学位。次年,李敏华也成了麻省理工航空系第一位女性工程博士。

教授看到了小个子的女孩打败了五大三粗的西方汉子,大为惊叹。其实,他惊叹的还只是考核内容,并不知道这个小个子女孩,还是两个孩子的母亲,课堂中她要全力以赴;课余和课间,她还要默默地进行"接力赛"!

在攻读博士期间,李敏华选修的是热力学课程,老师肯能教授在一次总结考试结果时,深为自己的东方女弟子自豪。他说:"这次考题很难,很多人不及格,第一名考了95分,她就是吴夫人。"事情过去了30多年,当1979年中国学者访问麻省理工时,她的老师还不忘此事,像介绍自己的科研发现一样开心,还是那句话:"一个小个子女孩子,打败了所有男孩子!"

当李敏华终于成为麻省理工学院第一位工科女博士时,波士顿报纸在报道本届毕业典礼中特别指出:"中国的李敏华,几个孩子的母亲,证明妇女可以与男子一样,获得博士学位。"必须指明,这里的"几个"其实是"两个",可见波士顿报纸在报道这第一位工科女博士当中,自觉不自觉地动了点感情,略加夸张了点。

四、孜孜以求,默默奉献

为了取得科研工作的实际经验,李敏华决定和吴仲华一起应聘到美国国家航空咨询委员会的刘易斯飞行推

获得博士学位后在麻省理工学院校园留影(1948年)

进实验室工作。她在强度研究室任研究科学家，进行塑性力学的研究。朝鲜战争爆发后，他们立即转到美国布鲁克林理工学院机械系工作，为回国做准备。

其时，李敏华夫妇均已进入科学研究的"如日中天"境地。李敏华发表了数篇NACA报告，还在1950年秋举办的第三届塑性年度会议宣讲了重要论文《论应变硬化区中轴对称平面塑性应力问题》，从而奠定了她在塑性力学领域里的地位。鉴于学术上的成就，她被遴选为"SigmaXi"学会的会员，这是优秀青年科学家才能够得到的一项崇高荣誉。

尽管他们工作如意，生活富裕，而且有关方面一直要求他们加入美国籍，但他们并没有忘掉自己的初心，他们一心想回国参加建设。当时，美国政府对在大学工作的中国理工科留学生的回国事宜横加阻挠，李敏华夫妇历经数年努力，尝试过出国参加学术会议，到印度等地找寻工作，争取联合国的亚洲工程项目以及赴港省亲等诸多途径，均未成功。最后决定以暑期旅欧名义出行，而且特地选择了星期日乘飞机离美赴英，这才避开了移民局的纠缠。1954年8月，李敏华一家终于离开了美国，绕道西欧、苏联，于11月通过满洲里回到了祖国。

当时的新中国百废待兴，周恩来总理接见李敏华夫妇时亲切地讲道："像你们这样年轻的科学家夫妇，我国还很少，你们要好好工作。"这给了李敏华夫妇很大的鼓励。

李敏华从年轻时代起就立志理工救国，决心投身航空事业，并取得了一系列重要成果。

一是独特构思有效地求解航空发动机强度问题。20世纪50年代初，航空发动机强度是一个挑战性的前沿问题。李敏华卓有成效地将塑性力学应用于飞机发动机旋转盘的设计，为解决发动机强度问题做出了独特的贡献。她在刘易斯飞行推进实验室工作时，进行圆形薄膜在侧压作用下考虑材料硬化的塑性应力应变分析工作，采用形变理论，通过无量纲变换和引进任意常数的巧妙构思，从而不需要迭代可得到精确解。在当时计算机尚不发达的情况下，这种可用于轴对称平面应力问题的方法是非常有意义的。对此美国学者斯托威尔评价道："在求解应变硬化材料塑性应力分布时，几乎不能精确地求解。而对于轴对称问题，作者（李敏华）得到的解就属于精确的或近乎精确的解……即使是在非常简单的圆孔薄板的一维情况，要同时满足协调方程、平衡方程、应力应变关系和边界条件，也不是一件容易的事。由于作者非常巧妙地引进了任意常参数，作者相当精确地满足了上述条件。"他最后说，"作者提供了一系列精确解的典范，这是她的特殊贡献。"回国以后，李敏华又通过计算对上述工作进行了推广，研究了材料的应力应变曲线对于塑性平面应力问题解的影响。相关工作获1956年国家自然科学奖三等奖。

二是研制试验航天烧蚀材料的瞬时加热加载装置。1958年，中国科学院以力学所为主成立了负责人造卫星运载火箭总体设计和发动机研制的第一设计院，李敏华被聘为高级研究人员，她不仅参与了相关研究工作，甚至和年轻人一样过着集体生活。由于卫星回收时，重返大气层会遇到高温高速气流冲刷，需要研制耐烧蚀材料及燃烧试验装置，1959年，李敏华作为研究室副主任，接受了筹建燃烧试验装置的任务。她提出了炽体引燃方法，在不到半年的时间内，课题组便在国内首次完成了驻点温度超过1000℃的高温试验。科学院副院长裴丽生带了化学所研制的抗烧蚀材料来做试验，钱学森所长也带了力学所中层干部来参观。随后，在组织航天预研项目工作中，李敏华又指导建立瞬时加热加载的材料试验机装置，提出了应变测量方法，并与研究组内科研人员一起调研了加热方法，确定了实施方案，终于在国内首次研制成功瞬时加热加载材料试验机，并得到了试件试验段瞬时的均匀温度。研究组被评为先进，相关工作引起了航天有关部门的高度重视。

三是发展新解法分析航空发动机涡轮轴断轴故障。20世纪70年代初，针对航空发动机涡轮轴断轴故障，李敏华承担了在扭矩作用下喇叭轴应力分析工作，针对问题的症结需要得到小凹槽高应力集中区域的应力应变值。她提出变截面轴扭转问题的一个新解法,推导出在任意非正交曲线坐标系中变截面轴扭转问题的平衡和协调方程,用任意非正交曲线坐标和差分法求解应力函数,从而通过计算得到了全轴的等应力函数线和剪切应力分布,并给出了小凹槽边任意点的应力。这种新解法收敛性好,所需计算容量小,应用方便,便于编排通用程序,计算量较有限元法少,而且由于采用了任意非曲线坐标,因此适用于解决复杂曲线边界问题,提高了通常用的差分法的适应性和灵活性。那时,她已近60岁了,仍常常趴在桌上看一张张大大的涡轮轴工程图,不时与航空部有关工厂研讨修改设计参数和方案,然后再做数值模拟试验,与试验数据比较,反复核验计算结果,终于获得了航空部"这正是当初故障研究所需"的评价。该项工作获1978年中国科学院重大成果奖。

四是倡导学科交叉开展材料疲劳研究。李敏华参加航空发动机涡轮轴断轴故障分析会后,深深感到疲劳问题的重要性,便将自己的研究方向从应力应变分析转向疲劳问题研究。她认为应当和材料科学家配合起来,从宏微观结合的角度研究疲劳机制,于是主动与中国科学院金属研究所的王中光教授等人密切合作,共同观察,一起分析,解释试验中出现的新现象。为了解在疲劳加载过程中试棒内部的变化,她不顾"自己的疲劳"开展低周疲劳的试验研究。为了保证试验件的质量和试验结果的可靠性，她不顾年事已高，亲自到南昌航空工业部的飞机工厂安排加工。她采用圆孔薄板铝试件来研究应变分布变化规律，得出了应变协调起到主要作用的结论。除了开展试验，她还提出用全量应力-应变关系和分段幂函数近似实际疲劳循环曲线的模型，所得到的计算结果和试验结果相当一致。同时，李敏华又进行了超载对圆孔铝合金薄板试件疲劳寿命影响的试验研究，重点研究拉-拉低周疲劳，得到了超载60%、疲劳寿命增加3～4倍的结果。年届八十高龄，她还亲自指导研究生从事疲劳研究。

为推动我国疲劳研究工作的学术交流，从1982年开始，李敏华发起组织了两年一届的全国性疲劳学术会议，由中国力学学会和航空学会联合轮流召开，之后机械工程学会和金属学会也先后参加，最终发展成为4个学会联合轮流主持。这样就构筑了一个跨学科平台，强化了力学工作者与材料科学家、理论研究与试验研究相结合，以及宏观研究与微观分析相互结合的趋势，推动了疲劳研究的学术交流。

这段文字可能比较沉闷，主要来自中国科学院的资料。但年轻的读者们看看也好。科学是讲究踏实缜密的，立志于献身科学的人，必须有这种"板凳甘坐十年冷，文章不写半句空"的耐心和韧劲。不要只看到人家的成果，不看人家的汗水，甚至泪水！

李敏华除科研工作外，还为清华力学班开了塑性力学课。在中国科学院创办中国科技大学时，她兼任力学系固体力学教研室主任，并讲授塑性力学课。在研究生培养方面，她先后于1956年，1962年至1964年招收培养研究生6名。1989年起先后培养硕士生10名、博士生3名。

一颗矢志不渝的爱国心，一份开拓创新的责任感，李敏华把毕生精力献给了祖国的航空事业。她这一生甘为人梯，所体现的默默奉献的品质、孜孜以求的精神，堪称后人见贤思齐的楷模。

李敏华与孩子们在一起

潘承洞：
从留级生到大数学家

> 潘承洞（1934—1997），男，苏州人，中国著名数学家、教育家。1956年毕业于北京大学，1978年5月晋升为教授，1981年加入中国共产党，1991年当选为中国科学院院士。曾任青岛大学校长、山东大学校长，培养大批数学顶尖人才。在解析数论研究中成绩卓著，尤其对"哥德巴赫猜想"的研究成果为中外数学家所赞誉。他还倾注大量心血著书立说和培养青年人才。他和潘承彪合著的《哥德巴赫猜想》一书，是"猜想"研究历史上第一部全面、系统的学术专著，被国内外数学家评价为"成功的再创造""解析数论研究宝库中的又一新作"。

一、一声婴啼中带着传说中的仙气

苏州人非常看重的民俗节日中，有一个"轧神仙"。在这一天，大家都去赶热闹，你挤我，我挤你，希望自己遇到传说中的神仙。

清代苏州文士顾禄的《清嘉录》，对这个"轧神仙"民俗有记载："仙诞日，官为致祭于福济观。观中修崇醮会，香客骈集。相传仙人化为褴褛乞丐，混迹观中而居，人之有奇疾者，至日烧香，往往获瘳，谓仙人怜其诚而救度也，谓之轧神仙。观中旧有迎仙阁。是日，众仙聚饮阁中，后建玉皇阁，吕仙恐朝参，遂不复至。"随后，在其《案》中提到《吴县志》记载："十四日，福济观谒吕纯阳。"

"仙诞日"是指神仙诞生的日子。

福济观，位于苏州阊门内下塘街，俗称神仙庙，供奉八仙之一的吕洞宾。福济观建于南宋淳熙年间，原址在阊门下塘街，因年代久远，早已不复存在。《百城烟水》中载："福济观，俗称神仙庙，在皋桥东。宋为李王祠。朐山王省干大猷来吴，淳熙某年四月十四日，从岩中道院陆道坚设云水斋，感纯阳吕仙，授神方，以疗风疾，至今赖之。"元至大四年（1311年）重建时，将祠改称福济观。明景泰年间再建时设吕仙祠。自此，每年四月十四吕纯阳诞辰前后三天，观内香火鼎盛，观中例必打醮，前来顶礼膜拜者络绎不绝。

自宋朝以来，传说道教上八仙中的吕洞宾每年在生日那天——农历四月十四，都会乔装打扮成普通人，来人间为百姓治病消灾。吕仙姓吕名岩，字洞宾，道号纯阳子，被尊称为"吕祖"，是八仙中的核心人物，在江南民间几乎家喻户晓，传说颇多。相传吕仙发誓要救度天下众生，方始升天。他不仅浪迹人间，乐为百姓治病解难，灭妖除害，而且为人随和，性格幽默，是世人心目中见义勇为的神仙形象。所以，在他生日前后这三天，人们都到神仙庙去祭拜，希望遇到他，因为人多，"轧来轧去"很热闹。后来，这个民间活动逐渐演变成一个大庙会。

这个"轧神仙"风俗，距今已有800多年历史。这里还有一个神乎其神的生动传说。说是东中市一带有个以卖豆腐为生的豆腐郎，生意还算过得去，能维持日常开销，后来，不知何故身上长满了难以医治的脓疮，来买豆腐的人见状，都觉得恶心，渐渐地，他的生意就不行了。这年的农历四月十四，豆腐郎突然昏倒在摊前。这时，出现了一位衣衫褴褛的人，也不问何因，在豆腐郎身上涂抹了一种药膏，又留下几帖药和两只合在一起的碗，飘然而去。几天后，豆腐郎服完留下的药病情完全好转。消息一传出，人们纷纷猜测这一定是吕洞宾所为，因为两只碗合在一起，正好是一个"吕"字，暗示他的姓。

福济观本在小巷深处路窄处，很是清静，一下来的人多了，拥挤热闹，摩肩接踵。苏州人天性温和，也不乏幽默，加上都是乡里乡亲的，即使被挤被踩了，也不过相视一笑。恰逢神仙生日，最多也就打趣说一声"就算被神仙轧到了哈"，讨个口彩。苏州方言里拥挤称为

庙会（张健 摄）

"轧"，形容这种拥挤的现象，也就有了"轧神仙"的说法了。

话说1934年5月26日，也就是农历的甲戌年己巳月丁酉日，又是一个"轧神仙"的日子，神仙吕洞宾生日。这一天，苏州景德路上的海虹坊潘家，鞭炮齐鸣间或能听到一两声婴啼，在有心有情人听来，这婴啼在鞭炮声中，就仿佛是评弹书场中弦索叮咚的优雅吟唱。潘家主人潘艮斋先生开心不已，想到这个特殊日子家族添丁，灵感忽至，就给自己儿子取了个"承洞"的名字。"承"是辈分，"洞"就是指那个爱民救民的吕洞宾先生！

小承洞在世人熙熙攘攘的轧来轧去中，睁着一双明澈好奇的大眼睛，来到了这个世界。

二、"小顽童"摇身一变成"小神仙"

我是1989年来到苏州工作的,住在胥门外的万年桥附近的枣市街上,门前是胥江,水清流急,举目就是一道彩虹般的泰让桥。

我并没有见过潘先生。我到苏州的这一年,他正在山东大学校长任上,带出了很多优秀学生。而且,他不但与胞弟潘承彪合著的《哥德巴赫猜想》已由科学出版社出版,与学生于秀源合著的《阶的估计》已由山东科技出版社出版;同时,他与潘承彪合著的《素数定理的初等证明》从上海科技出版社的大门走出,油墨飘香。两兄弟合作的《解析数论基础》《初等数论》也相继出版。这些,大都是高等院校数学专业的重要教材。我相信,这期间,他是一定回过故乡苏州的。那么,同在一座城市,房不相连水相连,空气相连,我们曾经相距很近。但彼此有缘无分,没能拜见到他,这让吃新闻饭的我深感遗憾。

写到这里,读者一定也感觉到了我对潘先生的喜爱程度。我其实早就知道这位数学家,但起初知道得不多也不深,还没有到动感情的程度。还是因为一个采访,我的八十高龄的老领导沈石声先生说到他的岳母潘承静,并给了我一本潘承洞的学生蔡天新的著作《我的大学》,书中有一篇专写恩师的文章《潘师》,我才广泛涉猎潘承洞的故事。潘承洞是沈石声先生岳母潘承静的堂弟,沈先生与我讲述了不少独家故事,收集的故事越多我越是欲罢不能,都有了为潘承洞撰写传记的冲动。我看过苏州市科协组织撰写的《苏州院士》,其中《潘承洞:痴迷数学的人》写得很好。但我更喜欢的,却是《我的大学》中的一张照片,是潘承洞与潘承彪两兄弟的合影,看着看着,我不觉笑起来了。这笑,绝无丝毫的不恭,而是真正拆除了彼此间的藩篱,走得更近了。从实招来,我笑啥?我笑潘先生的兔牙!他的兔牙,与有"外星人"美誉的巴西球星罗纳尔多极为神似!望着他露出兔牙的笑,仿佛看见他当年在小学校园中贪玩的神情,看见他动若脱兔,在绿茵场上飞奔的身影。

我们这位大数学家少年时代极其爱玩,痴迷体育,小时候就是个"小顽童"、小"周伯通"。据陈凤娟老师写的《潘承洞:痴迷数学的人》介绍,潘承洞童年非常爱玩,贪玩,他对棋、牌、足球、乒乓球、台球、篮球……都很喜欢。没有他不喜欢的体育项目,没有他不会的项目。由于太贪玩,在小学的时候,他曾经留级一年。

这轻描淡写的一笔,可是为我洞开一片天!我的眼睛瞪得大大的,并自我感觉放射出光芒来。

一般说来,留级可不是什么光荣的事儿。之所以留级,那肯定是功课挂红灯了。这事儿写进一位德高望重的科学家履历中，合适吗？我觉得没有什么不合适的。一来，实事求是，如实而不粉饰；二来，"文似观山不喜平"，这个顽皮的孩子日后能成为名垂青史的大数学家，其中有多少好看的故事？所以，这一定是名人中极为罕见的实例，可以让因种种特殊原因而一时功课落后的小读者们深受鼓舞，摒弃气馁，重新振作，迎头赶上。

　　我看到这个细节，就想到这"小顽童"拿着这个成绩通知单，怎么向他的老爹交差的问题。一般的推测，当然是少不了大巴掌狠揍小屁股的一幕，伴以呵斥和求饶。也许，一旁的母亲还会火上浇油，或加入"男女混合双打"的阵线。但其实，在他们老潘家的词典里，家暴是绝对没有的词条。潘承洞的父亲潘子起，号艮斋，曾任吴县商会主席，我猜想他对自己的长子知根知底，知道儿子是潜力股，厚积薄发，来日方长，所以拿着那张成绩单，根本无须气得手发抖。但是，也不可完全无所谓，助长"小顽童"继续疯玩的劲头。他也许会意味深长地左看右看成绩单，有意不吭声，无声胜有声，让"小顽童"心里紧张一番，让其心里的拨浪鼓打得乒乓作响。之后，他会清清嗓子，拉长语调问：怎么样"小神仙"，对这个成绩单满意吧？是你去"轧神仙"走失了自己，还是去施医救人，忙得顾不上自己的功课了？

　　由"小顽童"升级了，摇身一变而成为"小神仙"！但小潘承洞此时绝对听出了讽刺的意味，自然大气不敢

北大校友的潘氏兄弟

出,支支吾吾认错,并保证迅速提升成绩。

潘老先生感觉效果达到了,也不想再多说,环顾家人,说:我是听清了的,周围人都听见了吧?

旁边的妈妈、姐姐和弟弟都忙点头,表示听见了。

潘老先生将成绩单交还潘承洞说,那么这张光荣的成绩单你先收藏着吧,明年的今天,我们再来盘存对账。

潘承洞恭恭敬敬接过成绩单。转过背来,对小四岁的弟弟潘承彪皱皱鼻子,咧嘴一笑,露出一对洁白的兔牙。

三、潘家兄弟会师未名湖畔

潘承洞之后的学习成绩,果然突飞猛进。先是1946年8月考上苏州振声中学读初中,1949年初中毕业后又以高分考入桃坞中学读高中。这所学校的前身是美国基督教圣公会创办的教会学堂,后来成为上海圣约翰大学附属中学。

中学时期,潘承洞就展现了他在数学方面的天赋。他也是够幸运的,教他的祝忠俊先生,在上海与苏州一带的数学界名声响当当。潘承洞非常喜欢做习题,老师布置的他做了,老师没有布置的他也做得津津有味。正因为投入,他居然从《范氏大代数》一书中发现了一道有关循环排列题的解答错误,并进行了改正。祝忠俊先生看了,非常激动,说他一生遇到的聪明学生也不少了,没想到潘承洞能够发现大权威的差错。《范氏大代数》是什么书?是中国20世纪30年代所有的公立高中、私立高中和教会高中都使用的教材。潘承洞爱代数、几何,但不盲目迷信。祝先生教了二十多年的代数,名声

潘承洞的母校桃坞中学(余嘉提供)

传遍长三角，却没能发现书中的错讹，而是让自己的学生给发现了。他对潘承洞大加赞赏，预言自己这个学生日后一定会在数学领域有卓越的建树。

不妨说说神仙吕洞宾这一"洞"。历史记载中确有其人，原名吕岩，故乡在河中府永乐镇（今山西芮城县，现芮城县有纪念吕洞宾的道观——永乐宫）。他出生于世代官宦之家，祖辈都做过隋唐官吏，自幼熟读经史，据说他曾在唐宝历元年（825年）中了进士，当过地方官吏。

后来，他因厌倦兵起民变的混乱时世，抛弃人间功名富贵，和妻子一起来到中条山上的九峰山修行。他和妻子各居一洞，相对可望，遂改名为吕洞宾："吕"，指他们夫妇两口，两口为吕；"洞"，是居住的山洞；"宾"，即告诉人们自己是山洞里的宾客。他的道号为纯阳子。他在弃官出走之前广施恩惠，将万贯家产散发给贫民，为百姓办了许多好事。民间传说他在修炼过程中巧遇仙人钟离权，拜之为师。修仙成功之后，下山云游四方，为百姓解除疾病，从不要任何报酬。吕洞宾一生乐善好施，扶危济困，深得百姓敬仰。

另有一说吕洞宾为唐朝宗室，本姓李，为避武则天屠杀唐室子孙，于是携妻子隐居碧水丹山之间，改姓吕。因常居岩石之下，故名岩。又因常洞栖，故号洞宾。《全唐诗》中收录了吕洞宾诗词共二百多首，《唐才子传》中

也有他的传记。其中有一首《答僧见》这样写:

> 三千里外无家客,七百年来云水身。
> 行满蓬莱为别馆,道成瓦砾尽黄金。
> 待宾榼里常存酒,化药炉中别有春。
> 积德求师何患少,由来天地不私亲。

颇有自况意味。同时,悬壶济世的雄心也可略见一斑。

到了清代,也有一"洞"可重点一提,他就是晚清重臣张之洞。他是晚清后期洋务派的主要代表人物。他曾任两广总督,在广东筹建官办新式企业,设立枪弹厂、铁厂、枪炮厂、铸钱厂、机器织布局、矿务局等,以新式装备和操法练兵,设立水师学堂。他还建立湖北铁路局、湖北枪炮厂、湖北纺织官局,力促兴筑芦汉、粤汉、川汉等铁路。为培养洋务人才,尤注重广办学校,在鄂、苏两地设武备、农工商、铁路、方言、普通教育、师范等类新式学堂,并多次派遣学生赴日、英、法、德等国留学,一生不忘强国梦。历史上对其褒贬不一,但对于他的眼界开阔、求新求变、励志图强则是一致公认的。

到了当代,苏州桃坞中学的一个潘姓少年学子,也一定怀揣"别有洞天"的梦想,进军数学王国,立志富国强民。

1952年,他以优异成绩考入北京大学数学力学系。北大学习期间,他在多位数学家的熏陶下,对"数论"产生了深厚的兴趣,还参加了华罗庚教授在中国科学院数学研究所主持的"哥德巴赫猜想"讨论班,并与陈景润、王元等一起讨论,互相学习和启发。这些都为潘承洞在解析数论的基础理论和研究方法上打下了坚实的基础。

1952年,潘承洞(后排中)考取北京大学,与父母和姐弟合影

四年后,胞弟潘承彪也考上北京大学数力系数学专业。这是当代高考的佳话。于潘家,则有悠久的"传统"。

潘家祖先来自徽州歙县大阜,经杭州迁至苏州,清中晚期以来苏州就有潘氏非贵即富之说,分为"贵潘"和"富潘",相传始于大阜十九世孙。两潘人丁兴旺,人才辈出,有"占了半个苏州城"的略带夸张之誉。潘承洞系大阜第三十四世孙，属贵潘。"贵潘"出了八位进士，其中三十世孙潘奕隽、潘奕藻为"兄弟进士"。三十二世孙潘世恩中状元。到了他们的第三十四代，又出现了"兄弟北大校友"。潘世恩故居如今已成为苏州状元博物馆，另一处菉葭巷的宅邸松鳞义庄，则成了一家叫平江华府的五星级酒店。"富潘"做生意发达，有礼耕堂祖宅仍留在平江路上，也是全国重点文物保护单位。礼耕堂久已存在，乾隆五十二年（1787年），耗巨资翻建卫道观前潘宅，礼耕源于家训"诗礼继世，耕读传家"，他们共同光耀潘氏门庭。

但有一点必须纠错，那就是蔡天新书中所说的，2016年蔡专门到平江路与临顿路之间的菉葭巷实地探访，走进平江华府的幽深走廊，缅怀恩师。其意拳拳，但方向错了。潘承洞出生地是在景德路上的海虹坊，也是数千平方米的大宅。这里离振声中学和桃坞中学比较近。他的童年和少年时代，都是在这里度过的。

沈石声先生还特别提到，20世纪80年代末，潘承洞到苏州大学出席一次全国性的数学界学术会议，会议间隙，他们一家还相见聚谈。他专门给我讲了一个故事，就是潘承洞借一辆自行车，一个人专门找到海虹坊，寻访童年的回忆。祖宅已经捐给了国家，前厅成了苏州市粮食局机关，后厅和花园做了电子局的招待所。他专门走进招待所，工作人员问他是否要住宿，他回答不要住宿，只是想看看。工作人员还挺奇怪，自言自语，又不是拙政园，一个招待所有啥好看的？他微笑，不多解释，细细看看后就骑车离开了。

但会议上的工作人员却紧张不已，生怕潘校长迷路了，说：要去苏州哪里看看，我们可以派专车接送嘛。潘承洞又是微微一笑，说：那地方汽车可是开不进去的，只有自行车才进得去。至于迷路，那更是不可能。

是啊，这段路，没有谁比他更熟悉了，就像演算过几百几千遍的数学题，熟悉得闭着眼睛也绝不会演算错。

科技救国，教育兴邦，潘氏同胞兄弟一同徜徉于未名湖畔的国内顶级名校，与先到北京在高校任教的姐姐潘承询相会。

只是，一同畅抒报国宏大志向之余，不知姐姐和弟弟会不会提及小时候的趣事，包括"小神仙"挨老爸训的笑料。若提及，那也实在是好玩的花絮。

三姐弟合影（沈石声提供）

正如俄罗斯诗人所感慨：那过去了的一切都会成为美好的回忆!

下图为若干年后，三姐弟合影。中间的姐姐潘承询为中国人民大学教授，她右边的老二潘承洞是山东大学教授，左边的老三潘承彪是中国农业大学教授。

四、培养众多教授的潘师

说到数学，我们都知道"哥德巴赫猜想"是数学皇冠上的明珠。数学史上著名的"哥德巴赫猜想"这一二百多年悬而未决的世界级数学难题，吸引了各国成千上万的数学家关注，而真正能对这一难题提出挑战的人却很少。中国数学家陈景润在高中时代就听老师极富哲理地讲：自然科学的皇后是数学，数学的皇冠是数论，"哥德巴赫猜想"则是皇冠上的明珠。这一至关重要的启迪之言，成了他一生为之呕心沥血、矢志不渝的奋斗目标。

陈景润夜以继日地研究数学，为证明"哥德巴赫猜想"，摘取这颗世界瞩目的数学明珠，他以惊人的毅力在数学领域艰苦卓绝地跋涉，用辛勤的汗水换来了丰硕的成果。1973年，陈景润终于找到了一条简明的证明"哥德巴赫猜想"的道路，当他的成果发表后，立刻轰动世界。其中"1+2"被命名为"陈氏定理"，同时被誉为"筛法理论的光辉顶点"。华罗庚等老一辈数学家对陈景润的论文给予了高度评价。世界各国的数学家也纷纷发表文章,赞扬陈景润的研究成果是"当前世界上研究'哥德巴赫猜想'最好的一个成果"。

老作家徐迟就此题材写了篇报告文学,题目就叫《哥德巴赫猜想》。这篇报告文学的主人翁当然是数学家陈景润,同时,该文也多处提及另外两位数学家王元和潘承洞。人们也知道了中国解析数论有"三驾马车",他们是王元、陈景润、潘承洞。无数中外读者从文章中认识了陈景润,也认识了从苏州走出去的潘承洞。1982年的国家自然科学奖一等奖,就是陈景润、王元和潘承洞共同荣获的。

三位好朋友,年龄接近,王元最长,1930年生;陈景润中间,1933年生;潘承洞最小,1934年生。

这三位,培养学生最多的,则无疑是潘承洞。他是数学家,同时还是教育家。

我读蔡天新的《潘师》,从他的视角去端详潘承洞,非常有意思。他说他第一次看见潘师,对方戴着厚厚的眼镜(两千多度),高高的个子(一米八四),而当时只有15岁的他尚未发育。如果站在潘师的身边,他感觉自己应该会相差一个脑袋。

我就想,一米八四在他们那一代,的确是比较高了。他刚上大学那一年,全家合影中,他比小四岁的弟弟潘承彪整整高出一头。而两兄弟北大会师，弟弟又比他高出了不少，由此推测，潘承彪身高在一米八八左右。

蔡天新书中，写到了他恩师的体育爱好。他说他的恩师并非埋头死读书或做研究的人，他有许多业余爱好，乒乓球、桥牌、象棋等样样精通，并且曾在母校北京大学、山东大学的比赛以及省市比赛中获奖。不仅如此，他还通过这些博弈和比赛，提高了社会观察和人际交往的能力，这为后来他从事的行政领导工作打下了基础。潘门弟子中，王炜擅长桥牌，蔡天新则可能是第一个与恩师对弈象棋的。潘师听说蔡中学时就参加过成年象棋比赛，还在地区一级棋类运动会拿过名次，非常高兴，邀请学生到他家里下棋。他们对弈过三五回，每回互有胜负，双方胜率六四开，老师还是略占优势。而且，蔡笔下的恩师棋如其人，有大将风度，自己从来落子无悔，却允许对方偶尔悔棋。

蔡天新成为潘承洞的学生，还是在当时的山东大学少年班。其时，中国科学技术大学少年班和会下围棋的宁铂正红遍大江南北。1978级数学专业里有不少同学是当年山东省中学数学竞赛优胜者，他们没有经过高考就被免试录取，故而"小班"成员多数出自数学专业。蔡天新那年15岁，最小的同学只有13岁，因此"小班"也被称作山东大学的少年班。

蔡天新另一篇文章《少年》，既是说他自己对于少年大学生的看法,也是他对自己恩师教书育人的肯定,我读后很有启发。

他援引的例子,主要是1978年初春,全国媒体都报道的一位13岁的天才——"神童"宁铂。宁铂很小就显露出不一般的天赋,后来,宁铂的神奇渐渐褪去。1982年夏,宁铂大学毕业后留校做了辅导员。十六年后,宁铂参加中央电视台《实话实说》栏目拍摄,在电视上猛烈抨击神童教育。又过了五年,他在苏州西园寺出家做了和尚。苏州,恰是蔡天新恩师的故乡。

除了宁铂,科大少年班最出名的要数谢彦波了。如果说宁铂还是少年大学生,那么谢彦波可以算是儿童大学生了。他出生于1967年,1978年还只有11岁。科大录取谢彦波进了少年班,他跳过整个中学阶段,由小学直接进入大学,被看好有望在20岁前就获得博士学位。可是,中国博士没读完,他又去了普林斯顿,师从诺贝尔物理学奖得主安德森。后来,他因为与导师关系紧张而提前回国,以硕士学位担任了科大近代物理系的教学工作。

这当然是两个不太成功的例子。虽然如此,科大少年班仍坚持了下来,并且出了不少杰出人才。但从1980年开始,报考少年班的同学都要参加高考,成绩优异者方可面试。陆续有三十多名少年班培养出来的学生在国内外一流大学担任正教授,仅哈佛和麻省理工学院就有三位,还有两位当选美国科学院院士,即1981级的骆利群(斯坦福大学生物学教授)和1987级的庄小威(哈佛大学化学和物理学教授),他们是科大少年班的金童玉女。2018年秋天,科大建校60周年之际,少年班1985级学生马东敏同学向母校捐赠一亿元人民币,成为科大最大一笔捐款。

中国科大少年班的这些"神童"中,与谢彦波一样铩羽而归的还有干政,他俩有着惊人的相似,都在普林斯顿,都学理论物理,都与导师关系紧张。"人际关系和心理健康这一课,整个班级的孩子都落下了。"带过他们的一位老师这样说。而一些少年班同学自己也承认,他们至今仍欠缺这方面的能力。他们自己也感慨:"这是没办法的事情,一旦过了那个年龄,这一课就永远补不上了。"

但山大潘师带的少年班,不是纯粹由少年组成的团体,而是由不同年龄的人在一起,成员之间可以取长补短。蔡天新谦虚,没有直接说他们山大的少年班在北大和复旦之前,但山大潘师门下出人才是有目共睹的。潘师不但在算术级数上的最小素数问题、素数分布的均值定理和"哥德巴赫猜想"等领域均有开创性的重大贡献,而且,他的学生王炜、展涛、李红泽、刘建亚这几位先后留校的潘门弟子,都较好地继承了潘师的学术遗产,他们各自在不同的方向上做出了出色的工作,并使研究内容有了很大的拓展。其中,大弟子于秀源是中国自己培养的首批十八名数学博士之一。潘门的小师妹王小云，巾帼不让须眉，破解了数个国际通用的密码，名扬海内外，成为年轻的中国科学院院士。

蔡天新本人，不但是数学教授，而且是知名人文学者、诗人、旅游家。他是一位通才。他为光耀潘门立下赫赫战功。

潘承洞在山东大学数学系任教的30多年中，为大学生、研究生开设了10多门课程，如数学分析、高等数学、实变函数论、复变函数论、阶的估计、计算方法、初等数论、拟保角变换、素数分布、堆垒素数论、"哥德巴赫猜想"等。他讲课从不照本宣科，而是提纲挈领，讲透精华。他对学生循循善诱，最大限度地激发学生的创造性。从1978年国家重新开始招收研究生起，至1997年潘承洞去世，他总共指导培养了14名博士研究生和20多名硕士研究生。

五、"轧神仙"中的思念

神仙不知何处去，吴门依旧"轧神仙"。

近年来，苏州人民政府为了提升营商环境，打造商业的文化氛围，重建了南浩街，并在南浩街北段、阊门吊桥西塊南侧护城河畔建了庙宇，命名为神仙庙。

山不在高，有仙则名。

21世纪以来,苏州"轧神仙"活动年年开展,政府和公安部门委派人员和警力维持秩序,人气非常旺。南浩街也小摊林立,各色小吃、工艺品、花鸟虫鱼,应有尽有。南浩街已成苏州传统风味小吃、特色食品、民间工艺品、日用小商品以及花鸟鱼虫、古玩绣品等"苏"味极浓的市井文化集萃地。承载了历代苏州的民间传说和历史故事的南浩十八景,也吸引了众多的中外游客,是苏州旅游的新热点。

这个寄托人们期盼交好运、迎健康的民俗活动,2014年11月经国务院批准,列入第四批国家级非物质文化遗产代表性项目名录。

庚子年春,一场疫情席卷全球。不知传说中普度众生的神仙知道了该作何感想,或者说他还有没有能力拯救和帮助这么多的人。为了防范疫情,这年的"轧神仙"从市井搬到了"云端"。苏州传统民俗"轧神仙",吸引力不仅没减,反而人气更旺。主办方推出了七大"云"主题活动,并创新打造了一座"云小镇",较之以往,增添了"仙气",也增添了更多浓厚的文气和喜气。这样的文化品牌,在加快推动夜经济发展,促进正常生产生活秩序全面恢复,全力把"姑苏八点半"打造成为具有爆发力、创新力的夜经济品牌上,起到了积极的示范引领作用。

"轧神仙"的传统民俗源远流长,深入民心。之所以能穿越岁月至今，还是因为这个民俗有顽强的生命力，得到了百姓的广泛拥护。相比较那些不食人间烟火的神仙，苏州人眼里心中的神仙更加可爱可亲。在勤劳智慧的苏州人看来，即便有神仙帮忙，那也是不可坐享其成的，必须先自己来个谋事在人——去"轧一轧"，竞争一番。只有这样，才可能沾到仙气，交上好运。对于一个懒惰的人来说，即便大街上满地金元宝，那也会让早起的人给捡光了。"明天再早也是晚，今天再晚也是早。"在这个"轧一轧"的过程当中，就会源源不断地产生商机，产生许多思想火花，脑洞大开；这样一来，即便没有碰到神仙，自己也成了一路神仙。幸福不是等来的，是自己努力拼搏来的。

庚子年的"轧神仙"，出于疫情精准防控常态化需要，避免以往的人山人海"人轧人"，采取了科学控制人流量的方法；同时，活动在"云端"进行，市民足不出户就能尽情玩转石路商圈，和吕洞宾一起畅游石路。并且，在"云逛街"中还设计了一条微旅游路线，加入了寒山寺、艺圃等景点，打造金阊文化街区。疫情精准防控制约了活动，其实也成全了活动，助推了活动，危中蕴机，让参与者视野更开阔。特别是主办方推出的系列直播，让业界嘉宾如黄天源糕团制作技艺非遗传承人当"主播"，带着大家一起探秘"轧"字神仙糕是如何诞生的。传统民俗与现代科技联袂登台，游客更是"仙气"十足。

"轧神仙"的传统民俗应该兼容并蓄，不断出新，但地方文化中的一些高品位资源，还有待发掘。如苏州籍著名院士潘承洞，他从桃坞中学毕业后外出求学，在数学"哥德巴赫猜想"研究上留下中外研究者仰视的足迹，他与传说中的神仙吕洞宾同一天生日，名字"承洞"寓意多样，其中一定有此"洞"传承彼"洞"之意，悬壶济世、造福百姓的远大抱负。他的学生也是当代中国科学院院士。这样的乡土名贤，汇合进"轧神仙"民俗，一定会对下一代大有裨益，助飞新一代"神仙"。

潘承洞1997年因肠癌病逝，年仅63岁。他在十年前就查出有直肠癌，手术很成功，之后他一直精神抖擞地领着弟子们奋进遨游在数学王国。双目朗朗，长腿矫健，潘承洞在科研上一丝不苟，却没有留意自己身体病情的复发。那些日子，在他的故乡苏州和他的第二故乡济南，众多的亲友都沉浸在无边的悲痛之中。

整个学界，也突然感觉巨星坠陨。

他身后的两任山东大学校长徐显明和展涛分别评价他："爱才、惜才、用才，是首位实施人才强校战略的教育家"；"潘校长虽然离开了我们，但他的精神和品格却时时影响和激励着我们"。

中国科学院院士、发展中国家科学院院士文兰说："潘承洞院士的影响远远超出了山东大学和山东省，他在世界数学领域做出了极大的贡献,他非常年轻的时候就已经两次居于世界领先地位。"

与其交谊深厚的中国科学院王元院士痛惜不已,他说:"潘承洞院士为人爽快、坦荡,他不只关心自己的学科,而且关心整个学校,他对年轻人也充满信任、鼓励,人们不知不觉间就会受到很大的鼓舞,潘先生的精神不仅是山东大学,而且是中国数学界宝贵的精神财富。"

2007年10月27日上午,数学家、教育家潘承洞院士铜像揭幕仪式在山东大学威海分校图书馆大厅隆重举行。

2013年1月3日,数学家、教育家潘承洞铜像矗立在山东大学中心校区知新楼前。

随后,他们的母校苏州桃坞中学,也将一座教学楼专门命名为"承洞楼"。

世人皆羡神仙好,且来苏州游一游。苏州的"轧神仙"民俗文化堪称金字招牌,在不断地用心打磨之下,一定能满足市民和游客日益增长的多样化、品质化消费需求,进一步提升游客舒适度和满意度,促进苏州经济和文化的发展。

这一天,有心有情者,还会思念这块土地上成长的一位学子,他为了实现自己的远大抱负,出门远行了。

其实要会这个神仙,说难也难,说不难也不难,对吧?

参考书目

[1] 纪顾俊.苏州院士[M].上海:文汇出版社,2013.

[2] 刘晓.卷舒开合任天真:何泽慧传[M].北京:中国科学技术出版社,2013.

[3] 孙汉城,刘晓,钱思进.何泽慧传[M].太原:山西教育出版社,2015.

[4] 王柏懿.李敏华传[M].北京:科学出版社,2017.

后　记

"院士的足迹·第一辑"丛书苏州卷《状元之乡今胜昔》将下厂付印，我终于可以舒一口气了。多方面的原因，其中包括大家都知道的新冠肺炎疫情，导致这个书的出版过程有些漫长。"好事多磨"吧，就像两院院士们的成长之路也是经过多么曲折漫长最终通向光明的。

读书有诸多乐趣，其中最重要之一就是读者进入书中的世界，与书中人物一同沉浮，一同喜怒哀乐。其实写书的过程，也能够享受到这种乐趣。作者搜集材料和构思谋篇的过程，也是走近院士的过程，是一种见贤思齐的过程，给自己带来满身心的充实。

这套院士的体例，肯定不是人物传记，而是"人物散文"。散文必须融聚作者本人的情感，而不仅仅是材料的汇集、故事的编排。这对于读者中的中小学生发掘人性的真善美，弘扬爱国的献身精神来说，均大有裨益。序言中朱永新先生对此分析得很透彻，本人于此不多赘言。

但我还是忍不住要告诉小读者的是，本丛书的序言作者朱永新教授，不久前与美国斯坦福大学教授琳达·达林哈蒙德分别荣获2022年一丹教育发展奖和一丹教育研究奖，伴随着殊荣的，是他将这项国际大奖的3000万港币奖金，悉数捐赠给了他的母校苏州大学。这一相当于诺贝尔奖金额数倍的捐赠，体现了一种什么样的情怀呢？我想，应该是一种与我们书中两院院士一致的爱祖国爱家乡的情怀。同时，也是一种古诗中"报得三春晖"的体现，一种读书人不忘初心的体现。

我还要一说的，是朱先生在序言中提到的沙洲优黄黄庭明先生对本辑图书的慷慨赞助。疫情下的实体经济多么艰难大家都清清楚楚，他们的企业也不可避免地遇到重大的困难，但他们依然给予无私的帮助。我想，这一定是因为国家栋梁的院士们的感召力吧！

最后要说的是，中原大地从殷墟遗址算起，乃中华文明最早的繁荣辉煌地，而后来居上的江南文化就从中原文化中获得极大的滋养。这个第一辑院士丛书，书中入选均为江南籍，他们能够在癸卯之春带着充满中原大地牡丹花国色天香元素的书香走向年轻读者的案头，于院士们来说，似乎无异于来了一次"认祖归宗"的朝圣，汲取到了中原大地上的充盈元气。我们就不说其中有什么天意了吧，起码，也是给了我们一种深刻的象征意义和自信启迪。感谢和祝福河南大学出版社的领导及编辑、校对朋友们！

刘 放
2023年2月28日